THE PIG THAT WANTS TO BE EATEN AND 99 OTHER THOUGHT EXPERIMENTS

一头想要被吃掉的猪

100个思想实验

朱利安·巴吉尼（Julian Baggini） 著
吴奕俊 译

中信出版集团 | 北京

图书在版编目（CIP）数据

一头想要被吃掉的猪 /（英）巴吉尼著；吴奕俊译
. — 北京：中信出版社，2016.3（2024.11重印）
书名原文：The Pig That Wants to be Eaten and
99 other thought experiments
ISBN 978-7-5086-5723-3

I. ①一… II. ①巴… ②吴… III. ①哲学－通俗读
物 IV. ①B-49

中国版本图书馆CIP数据核字（2015）第288849号

一头想要被吃掉的猪

著　　者：[英] 朱利安·巴吉尼
译　　者：吴奕俊
策划推广：中信出版社（China CITIC Press）
出版发行：中信出版集团股份有限公司
（北京市朝阳区东三环北路27号嘉铭中心　邮编　100020）
（CITIC Publishing Group）
承 印 者：北京通州皇家印刷厂

开　　本：880mm×1230mm　1/32　　印　　张：10.5　　字　　数：151千字
版　　次：2016年3月第1版　　印　　次：2024年11月第15次印刷
京权图字：01-2013-8891
书　　号：ISBN 978-7-5086-5723-3 / B · 215
定　　价：48.00元

目录

缺乏理性的想象只是幻想，而缺乏想象的理性很乏味，这就解释了科学家与哲学家为什么总是用想象的场景来改善他们的思考，使其接近极限。“思想实验”就是剥去真实生活中事件的复杂外衣，清楚地聚焦问题的本质。

所以，真实生活中的伦理两难困境总是因偶发的、特定的因素而变得更复杂。以一般性问题为例，吃肉在道德上是不是错的？有吃肉的机会时，如果你考虑吃肉是不是错的，那么就会有许多因素开始起作用。有些动物是农场大量饲养的，有些受到了精心照料，还有一些是野外捕捉的。有些饲养动物的土地原本是一片雨林，有些动物则原本在开阔牧场上自在地吃草。有些肉是有机的，有些是转基因的，有些从世界的另一端运来。要判断伦理上的对错，就要将这些因素全部搞清楚，然后依此权衡。

思想实验之所以有用是因为它像科学实验一样，这些实验旨在将关键的变量与特定的要素分隔开，以了解变量与要素本身对我们认识世界造成的影响。所以如果我们要思考吃肉的伦理意义，我们可以想象一些情境，在这些情境中，特定的让人关心的问题是唯一能区分两种选择的因素。如果我们担心对待农场动物的方式，我们就想象善待动物这一唯一变量会产生什么区别。如果想仔细研究自己的意图，我们可以问如果你用来做菜所需的鸡是意外死亡，而我的鸡是被故意扭断脖子的，而这两只鸡死前的生活完全一样，那么这两种情况是否有区别？我们可以简单地假定其他条件都相同，所以唯一要解决的问题就是核心的道德问题。

思想实验的好处不仅在于它比真实生活更加简练，还在于它真正能帮助我们思考那些不能或不会在真实生活中测试的东西。有时思想实验会要求我们想象那些对现在的我们或任何时代的任何人都不切实际甚至不可能的事物。虽然这些思想实验要求我们所思考的似乎有些荒唐，但实验的目的是相同的：让我们的注意力集中在某个核心概念或问题上。假如某个不可能出现的场景能帮助我们做到这一点，那么场景是否可能出现则不必关心。思想实验只是帮助我们思考的工具，这类实验根本没有试图描述真实的生活。

本书的100个场景大部分是受哲学家的论证启发得来的，但也不能说每个都是。有时哲学家的假设是我们鲜为质疑的，颠覆我们的惯常认知。有时他们为看似无解的难题提出解决的办法。如果能跟随他们的思想，有时也能从看似没有问题的地方看出问题。

本书既不是参考书，也不是古老谜题的解答合集。相反，它起的是引导作用，刺激你深入思考。每个场景之后都附有评论，我可能暗示一个解决谜题的方法，也可能故意唱反调：最终还需要你自己决定。

同样，每篇文章最后的交互参照只是想引发你的联想，并不表示场景之间有联系。有时候，各个场景的联系很明显；有时候，联系本身只是引导你从新的角度看问题。

本书提出了许多思考的线索，但这些思索并不会因为读完本书而结束。这本书只是一个开始。

1. 骗人的恶魔

是否所有事情都不言自明，无须怀疑？我们的人生是否可能只是一场梦，或者这个世界只是我们虚构出来的？这些想法也许很怪异，但能够想象到这一点，显示出现实世界的真实性是可以被怀疑的。

不过，还是有一些观点清晰可辨，不言自明，毋庸置疑。比如，不管你是醒是睡，2 加 2 肯定等于 4。不管世界上是否真的有三角形，也不管这个世界是想象的，还是真实的，三角形一定有三条边。

但如果上帝或者某个有着强大力量却居心叵测的恶魔欺骗了你呢？难道这样的邪恶的灵魂不会愚弄你，让你相信虚假的其实是真理？难道我们没有见过催眠师让人从 1 数到 10，而这个人中间漏了 7 却浑然不知吗？有人在梦中听到钟楼的钟敲了 4 下，心里想着“真奇怪，钟居然在 1 点钟敲了 4 下！”这个人又是怎么回事？

邪恶的魔鬼如果存在，还有什么事情是不能怀疑的呢？

资料来源：勒内 · 笛卡儿，《第一哲学沉思集》，1641。

哲学家习惯找我们以为已经了解的事物提出各种理由，让我们怀疑这些已经很熟悉的事物。自然法则、物质世界、上帝、善、其他人的想法、正义、时间——哲学家找到了怀疑一切事物的理由。

要提出这类非常令人怀疑的观点，哲学家需要利用某个他无法质疑的事物：他自己理性思考的能力。比如，时间的真实性是可以怀疑的，因为传统的时间概念存在矛盾。这些矛盾违反了基本的逻辑原则，例如存在与不存在不可能同时出现。哲学家认识矛盾冲突的能力让他们可以推论并证明自己的怀疑。

但是，如果我们一直被强大的恶魔蒙在鼓里（这最早是 17 世纪的法国哲学家勒内 · 笛卡儿提出来的），那么我们将基本的逻辑原则当成真理可能是错的。对我们来说，这些原则似乎显而易见，而且不言自明，但是对被催眠的人来说，数字 6 后面跟着 8 也是合情合理、没有问题的。对陷入迷惘、做梦的人来说，时钟在 1 点敲了 4 下或许也是无须怀疑、不言自明的，而我们都“知道”时钟实际是在 4 点敲的。

骗人的恶魔这种想法听起来有点儿夸张，但即使没有恶魔，其他方式依然会让我们有同样的怀疑。我们可能变得疯狂，疯狂到让我们无法看到其他人看世界的方式与我们有什么不同。也许进化让我们的思维固有一套存在重大缺陷的逻辑原则。也许我们将虚假的理论当作“显而易见的真理”反而更能让我们生存，或者魔鬼已被编入了我们的基因。

这个思维实验的特点是，为了判断实验的合理性，我们必须依赖某个事物，而它正是实验质疑的对象：我们良好的推论能力。我们必须努力思考，从而判断自己能否完善地思考。我们本应从中立的角度判断自己能否评估自己的思维，但因为我们无法将自身与思考能力分开，所以这也就无从谈起。这就像为了测试天平的精确度，用一台本身精确度存疑的天平来测试。

也许这就是思想实验的代价：我们的推论能力是所有严肃思考的基础。我们努力思考，怀疑推论是否合理。但我们无法怀疑自己的推论能力是否存在缺陷。我们最多只能说这样的推论能力对我们而言已经够了。但这足以证明理性，还是弱化了理性，就没有答案了。

请看其他问题

19. 幻想破灭
28. 噩梦景象
51. 活在桶里
98. 虚拟的幸福

2. 瞬间移动装置

对斯特里欧斯来说，瞬间移动装置是旅行唯一的方式。之前从地球到火星需要几个月，人还得挤在狭窄的、无法完全保证安全的宇宙飞船里。斯特里欧斯的瞬间移动装置改变了一切。现在前往火星只需要几分钟，而且到目前为止绝对安全。

不过，他现在要面对不满的客户针对他提起的法律诉讼，客户宣称：实际上，斯特里欧斯的公司杀了他。他的理由是：瞬间移动装置将他的大脑和身体逐个细胞地进行扫描并摧毁了它们，然后将信息传到火星，在火星上重新构建人体。虽然火星上的人在外观、感觉和思想上和之前进入睡眠状态并被传送到太空的人没有区别，但客户认为自己实际上是先被谋杀后被克隆人取代了。

对斯特里欧斯来说，这种说法听起来很愚蠢。毕竟他利用瞬间移动装置旅行了几十次，没有觉得自己死了。确实，客户怎么会真的认为自己在传送过程中被杀，又真的上法院起诉呢？

当斯特里欧斯再次进入瞬间移动装置，准备摁下分解自己的按钮时，他有那么一刻在怀疑，自己是不是在自杀……

资料来源：德里克·帕菲特，《理与人》第10章，牛津大学出版社，1984。

我们是依靠什么维持生存的？在正常情况下，我们会说是身体的持续运作。不过，自从人体各个器官都有可能被人造器官代替后，这种说法就未必正确了。难道不是我们的意识持续多久，我们就存在多久吗？某天所有人醒来后都不再认为这个人是自己，记忆、计划和人格将连同自己一起死去。

个人身份的“心理持续性”理论有一种直觉魅力。卡夫卡所著《变形记》的主角醒来后变成了甲虫，我们觉得这样的故事合情合理，只是因为它似乎反映了我们的基本直觉。我们可以毫不犹豫地认为甲虫就是主人公，因为他的心智寄于甲虫之中。心理，而非生理上的延续标志着他依然是同一个人。

不过，在瞬间移动的例子中，虽然我们有着心理持续性，这种持续性像它在日常生活中一样完整，但毋庸置疑的是，被重新创造的是一个复制品——克隆人。然而，复制人和被复制的人并不是同一个人。同理，只要用同一个模子铸造出两座铸像，我们就会说二者一样。尽管他们外表细节相同，依然是两个不同的个体。如果打碎其中一个，另一个依然毫发无损。

斯特里欧斯并不是不知道他的瞬间移动装置的工作原理。严格来说，他只是看不出机器每次“克隆”他这件事的严重性。对他而言，重要的是他走进瞬间移动装置，醒来之后已经身处另一个星球。而身体的分解重组并不重要。

如果这听起来有些诡辩，那想想这种可能：几年前的一个晚上，你在睡梦中被绑架，经过瞬间移动装置后，最后出来的你再被放回床上，你并没有意识到整个过程。如果发生了这种事，你根本不可能知道，因为你的意识所经历的生命会和这件事未发生前一样。从某种意义上说，瞬间移动装置并没有改变什么，你的生活和周遭的一切和往常一样。

也许我们问斯特里欧斯是克隆人还是“本尊”是个错误的问题，也许我们应该问的是，这种做法对我们过去与未来的存在有何影响，也许这个问题的答案就是要不择手段地保持心理持续性。

请看其他问题

38. 我是大脑
46. 再生人
65. 灵魂寄居
88. 完全失忆

3. 印度人与冰

妲拉·古普塔一生都生活在拉贾斯坦沙漠中临近杰伊瑟尔梅尔的一个乡村里。1822 年的某一天，妲拉正在准备晚餐，发现外面一阵骚动。她往外看，发现两年前出门旅行的堂弟马哈维尔回来了。他看起来身体不错，晚餐时，他讲述了自己的冒险经历。

马哈维尔讲到了强盗、野生动物、崇山峻岭和其他不可思议的风景和冒险，但真正让妲拉惊讶的是他说自己看到了一种被称为“冰”的东西。

“我到了一个很冷的地方，水停止了流动，变成了半透明的硬块。”马哈维尔说，“更令人震惊的是，水变硬后还会变厚，但并没有加入任何东西。在变成固体的水旁边有水流动，温度只比变成固体的水高一点儿。”

妲拉不想当着大家的面质疑马哈维尔，但她不相信他的话。马哈维尔所言与妲拉的经历完全矛盾。妲拉过去不相信旅客说的会喷火的龙的故事，现在她也不会相信有关“冰”这种东西的胡扯。妲拉觉得自己还没有笨到会相信有这样的东西存在。

资料来源：大卫·休谟，《人类理解研究》第10章《神迹》，1748。

在某种意义上，妲拉显然是错的，她怎么可能是对的呢？我们知道马哈维尔对冰的描述并非和喷火龙一样来自幻想，而是对水在冰点时变化的精确描述。

但妲拉在某种意义上又是正确的。我们有时候都会因为正确的理由而判断错误。以快速致富的方法为例，许多用电子邮件的人几乎每天都会收到这类信息：承诺只要“少量”资本就能换来巨额财富。因为这些邮件几乎无一例外都是诈骗，要一一确认每封邮件是否真是诈骗会耗费大量时间，唯一合理的做法就是都不理会。但是，这样做就意味着可能某一天你会错过一个真正的机会，放过了触手可及的巨额财富。某封邮件可能并非诈骗，而你得出这是诈骗邮件的结论也就错了，但推论的过程是正确的。

同样的观点也适用于妲拉。当别人告诉我们自然界如何运作时，我们不应该轻信一切。当有人对我们说他们可以浮空、用意念让钟表停止或用水晶球治病时，我们应该保持怀疑。我们过去的经历告诉我们这类事件不会发生，描述这类事件的说法要么缺乏证据，要么就是骗局。我们不必认为这样说的人都是骗子：他们只是搞错了，或者他们的说法是以错误的推论为基础的。

然而，问题在于，有时候会出现某样真实存在的事物迫使我们重新思考我们原先的认知。我们不能因为某个观点与我们当时的认知不符就嗤之以鼻。我们需要充分的理由才能予以驳斥，因为言之成理、不可撼动的东西应该要比反对这个观点的某个人或者某一小群人的观点有分量。

这就是妲拉的问题所在。某个人的证言，即便这人是她的堂弟，也没有强烈到可以推翻她对自然世界已有的认知，即液体不会在某个看似不可思议的温度下变成固体。不过，妲拉也必须承认自己从未去过寒冷的地方，而她的堂弟去过。因此妲拉的经历是有局限性的，但她能用来判断的只有马哈维尔的一面之词。妲拉拒绝相信他，她是否将知识面限制得过于狭窄？或者这是她为了避免在更多情况下受骗而付出的代价？这样做是错误的吗？

请看其他问题

40. 木马赢家
63. 不明不觉
76. 联网的大脑
97. 道德运气

4. 虚拟外遇

和许多结婚多年的夫妻一样，迪克也对自己的婚姻感到疲倦，他的生活已经没有激情可言。实际上，迪克和妻子几乎都不睡在一起。不过，迪克并不打算结束这段婚姻，他爱妻子，而妻子也是个无可挑剔的好母亲。

迪克很清楚该怎样解决眼前的问题：搞个外遇。他只要能接受自己的妻子满足自己部分需要，情妇满足另一部分需要，一切就好办。不过，迪克实在不想背着老婆做这种事，他也知道就算自己可以，老婆也不会罢休。

所以，当迪克听说有“虚拟外遇”（“比真人还要逼真！”）这么一家公司时，他不免认真起来。这家公司提供虚拟外遇的机会，不是和计算机另一端的真人进行网络性爱，而是在一个虚拟现实的环境中和一个完全虚拟的人“上床”。整个过程感觉和真实的性爱没有区别，但实际上所有体验完全是由计算机模拟你的大脑产生的，让你有身临其境的感觉。这种“外遇”有外遇的所有刺激，但没有真正的第三者，这样也就提不上什么不贞。他怎么会拒绝呢？

为什么我们一听到“不贞”就不舒服？有些人觉得不应该不舒服，他们认为人之所以对不贞抵触是因为受到文化的影响，而且对一夫一妻制心存不切实际的期望。性和爱其实不同，如果我们让生物冲动引发的交配行为破坏感情的纽带，我们就太傻了。

假如渴望一夫一妻制是文化的产物，这种产物可以说是根深蒂固的。许多参加自由性爱团体或者尝试“乱交”派对的人往往会嫉妒其他人能和自己真爱的人同床共枕。有些人故作轻松地告诉我们，应该抛去不贞给我们带来的“心理障碍”，但这种不贞似乎不仅仅是需要克服的心理障碍这样简单。

所以，对大多数人来说，如果不贞是个问题，到底是什么让它困扰我们？想象另一半接受“虚拟外遇”公司提供的服务时的感觉，也许有助于回答这个问题。如果我们不反对网络性爱，那就意味着夫妻之间将有第三者介入。不过，夫妻之间这种最亲密的关系应该是一对一且排他的。我们希望看到这种传统的一夫一妻制可以维持下去。

但如果我们反对虚拟外遇，那么似乎说明影响夫妻关系的重要因素并不是第三者扮演的角色。真正导致夫妻之间不合的不再是配偶去找第三者，而是另一半远离夫妻关系。这样看的话，迪克打开计算机宣泄欲火的同时，他也在表示自己觉得妻子已经无法激起他的性欲。

外遇通常是夫妻关系存在问题的外在表现，而不是夫妻关系破裂的原因。这种说法可以解释为什么我们会对迪克的虚拟伴侣感到不安，因为早在迪克第一次登入网站寻找虚拟性刺激之前，他就已经丧失了往日对妻子的性欲。因此，虚拟外遇并非处理核心问题的方式，而是逃避问题的手段。

在现实世界中，对不贞行为感到厌恶的原因很复杂，拒绝虚拟外遇的人也许不愿意与真实的人搞外遇。迪克的例子告诉我们，应该将注意力集中在不贞这一点，即夫妻双方从什么时候开始远离这段最值得珍视的婚姻关系的？

请看其他问题

27. 信守承诺
44. 不至死亡，永不分离
91. 无人受害
96. 家庭第一

5. 一头想要被吃掉的猪

吃素 40 年后，麦克斯·伯杰准备坐下来好好享用一顿有猪肉香肠、酥脆培根与平底锅煎鸡胸肉的大餐。伯杰一直都想念肉的味道，但他的原则战胜了口腹之欲。现在，他可以不违反良心地吃肉了。

香肠与培根是用伯杰一周前看到过的猪普莉希拉做的。这头经过基因工程改造的猪会说话，更重要的是，它想要被人吃掉。在人类餐桌上结束生命是普莉希拉毕生的心愿，它在等待宰杀的那天醒来时，内心满怀憧憬。普莉希拉冲进又舒适又人道的屠宰场之前，就将自己的想法告诉了伯杰。知道整件事后，伯杰认为不吃普莉希拉，就太不尊重它了。

鸡肉来自经过基因改造的"无脑"鸡，换句话说，这种鸡就像蔬菜一样，没有对自我、环境、疼痛或愉快的感觉。杀这种鸡和拔胡萝卜一样，一点儿也不残忍。

不过，盘子摆到伯杰面前时，他感到一阵恶心。这是长年吃素造成的条件反射，还是内心难受反映出的生理现象？伯杰定了定神，拿起了刀叉……

资料来源：道格拉斯 · 亚当斯，《宇宙尽头的餐馆》，麦克米伦出版公司，1980。

并不只有少数素食者关心动物福利，如果只看是否杀生，那真正能做到不杀生的只有素食主义者。素食主义者不打苍蝇，也不灭老鼠，而很多人（虽然不是全部）以消灭这些生物为幸。

有人认为饲养并杀掉动物是错误的行为，有两个理由：首先是饲养动物的环境问题，在这个问题上，他们关心的是动物活着时遭遇的悲惨状况，而不是动物的死亡，其次是屠宰的行为，它结束了动物的生命，断送了动物的未来。

解决第一个问题的方法很简单，只要确保动物能在良好的环境中生活。因此，许多关心动物福利的人只吃自由放养而非集中饲养的家禽与牛羊。

不过，对素食主义者来说，第二个理由更重要：反对杀生。但如果能创造出在生存上没有利益的动物，也就是说，这些动物跟胡萝卜一样没有知觉，那又会怎么样呢？剥夺它们从未意识到或拥有过的存在感有错吗？或者，如果动物实际上渴望被吃掉，就像道格拉斯 · 亚当斯在《宇宙尽头的餐馆》中设想的那样？

小说主角亚瑟·丹特对于这项提议感到恐惧，他说这是“他听过的最令人作呕的事”。但是赞福德·毕博布鲁克斯驳斥了丹特的说法，他认为至少“这比吃掉不愿被吃的动物好”。丹特的反应似乎只有“恶心想吐”，这是人们面对某种不自然的东西时的本能反应，即便当中没有道德问题也会如此。器官移植与输血一开始被提出来也被认为是骇人听闻的，然而等到人们逐渐习惯，许多对这种现象不道德的指责也逐渐消失，只剩极少数宗教派别还在反对。

人们可能会提起动物尊严或尊重自然秩序，但严肃来看，创造无脑鸡是不是也削弱了鸡的尊严？普莉希拉是不是死得完全有尊严？种植有机作物的农夫选择培育各种农作物并大量生产的行为是否也搞乱了自然秩序？简言之，如果伯杰的菜单变成现实，素食主义者还有理由拒绝与伯杰一起进餐吗？

请看其他问题

26. 忘记疼痛
57. 吃宠物之谜
72. 拯救鹦鹉佩西
91. 无人受害

6. 幸运轮盘

玛吉不是数学家，但她知道自己刚刚发现了一种靠玩轮盘就能致富的简单方法。

玛吉花了几天在赌场观察轮盘转动的方式，意外地发现经常会出现珠子连续几次只掉入黑色或红色槽的情况。连续 5 次已经很罕见，连续 6 次的情况一天只出现了几次。

玛吉因此想出一种玩法。珠子连续 6 次掉入同一颜色槽的概率很低，所以，玛吉便在一旁看着，一旦珠子连续 5 次掉入同一颜色的槽，比如红色槽，她就下注下一回合落入的是黑色槽。玛吉赢的次数肯定比输的次数多，因为连续 6 次的情况实在很少见。她非常自信，已经开始计划如何花掉这笔即将赢到手的钱。

玛吉的错误警示了思想实验的局限性。她的方式之所以看起来万无一失，是因为她已经测试过，而且每次都能成功。但整个过程完全是在她头脑中进行的，并没有实践。赌徒很容易在自己想象的场景中迷失，哲学家也是。

不过，玛吉犯的错误倒不是想象与现实相差太大，而是推论方面的错误。她将珠子连续6次掉入同一颜色槽的概率与已经连续5次掉入同一颜色槽的珠子再次掉入同一颜色槽的概率混淆了。

例如，我们可以想象一个简单的运气比赛，人们以抛硬币的形式看谁的运气好。第一回合有64人，第二回合剩32人，第三回合剩16人，依此类推，直到决赛只剩下两人。比赛开始时，每个人赢得比赛的概率是1/64，但到了决赛，每个人赢的概率则变成了1/2。按照玛吉的逻辑，以第一回合为准计算获胜的概率，并且每一轮维持不变。因此，虽然到了决赛只剩下两人，玛吉仍然认为每个人获胜的概率是1/64。这就意味着，依照她的算法，决赛中产生胜者的概率竟然只有1/32！

同样，回到轮盘上，珠子连续6次掉入同一颜色槽的概率微乎其微，就像很少有人连掷6次铜板均获胜一样（1/64）。如果珠子已经连续5次掉入同一颜色的槽，第6次的概率就与从第一次起算连续6次掉入同一颜色槽的低概率无关，因为在轮盘接下来的转动中，珠子掉入红色或黑色槽的概率非常接近1/2（轮盘中还有两格绿色槽）。

重点是过去的低概率不会影响下一次的概率，玛吉本来应该注意到这一点。如果她观察，连续5次的情况下有几次珠子继续掉入同一颜色的槽，她就会发现实际上概率只略小于1/2。所以，玛吉的错误不仅是逻辑错误，还在于她想象某个可以依靠观察来确认的例子，而例子本身是错的。无论是想象还是现实，玛吉都是个拙劣的实验者。

请看其他问题
3. 印度人与冰
16. 赛跑的乌龟
42. 拿了钱就跑
94. 税上加税

7. 无言胜利

二等兵萨克斯即将执行一项可怕的任务，他被命令先奸后杀一个因种族问题而无端入狱的女犯人。萨克斯心里明白，这毫无疑问是极不正义的行为，事实上，这是战争犯罪。

萨克斯迅速想了想，发现自己别无选择，只能遵从上级的命令。若服从命令，他可以尽可能减轻受害者受到的折磨，尽量不让她受不必要的痛苦；如果他拒绝服从命令，他自己将被枪决，而犯人一样会受折磨而死，甚至会更加痛苦。萨克斯执行命令的结果对大家都有好处。

萨克斯的理由似乎很充分，但他的内心依然无法平静。他所做的事怎么可能既是当前情况下的最佳选择又是恐怖的暴行？

“就算我不做，别人也会做的。”这是一般人使自身恶行合理化的拙劣借口。只要犯错，就该负起责任，这跟别人犯不犯没有任何关系。如果你看到一辆敞篷跑车的钥匙留在车上，便跳上去把车开走，这种行为就是盗窃，并不会因为你不开自有别人开而有什么变化。

萨克斯的理由略有不同，但是意义重大。他说：“如果我不做，别人也会做，而且结果会更糟。”萨克斯并非只是任由最糟糕的情况发生，而是尽可能引出最好的（或除了最糟糕以外的）结果。

一般说来，我们认为尽可能阻止伤害发生绝对是一种道德行为。萨克斯能做的就是保住自己的性命，并且尽量让犯人没那么痛苦地死去，但是这种逻辑还是会让他采取强奸和杀人的行为，而这些行为在道德上永远都不可能正确。

我们忍不住想象是否还有第三种可能，也许萨克斯可以一枪打死犯人再自杀。但我们必须停止这种想象，因为在思想实验中要控制各种变量。我们问的是如果萨克斯只有遵命和抗命这两种选择，他该怎么做。处理这个进退维谷的情况只有一个要点，那就是迫使我们面对眼前的道德问题，而非规避它。

或许有人会争辩，人们总会在某些特殊场合难以做出正确的事。不管你做还是不做，都会受到指责。在这样的情况下，我们应该做出除了最糟糕以外的选择。因此我们才会说，萨克斯在做出最佳选择的同时也做了恶。此外，萨克斯的做法也引出了另一个问题：如果他确实已尽可能做出最佳选择，那我们怎么能因他所做的事而指责甚至惩罚他？如果他不应该受到指责或惩罚，那他做的事肯定没错？

或许答案是：萨克斯的行为是错的，但是萨克斯本人无可指责；他做的是错的，但是他这么做并没有错。这种说法在逻辑上说得通，但这到底是反映了世界的复杂，还是将不合理之事合理化而进行了过度扭曲？

另一种回答是：结果不能使手段合理化，萨克斯应该拒绝服从命令。虽然萨克斯将因此丧命，犯人也将遭受更多痛苦，但至少他做出了符合道德的选择，维护了自己原本的正直。但是，这种做法比保住性命和减少痛苦更高尚吗？

请看其他问题

44. 不至死亡，永不分离
55. 可持续发展
82. 占便宜
91. 无人受害

8. 为善

上帝对哲学家说:“我是你的神，我是所有善的源头。为什么你们这些道德哲学家却忽略我?”

哲学家对上帝说:“要回答这个问题，我必须先问你几个问题。你命令我们行善，但这些行为是因为你命令才变成善，还是说这些行为本身是善，所以你才命令我们去做?”

“我想,”上帝说,“这些行为之所以是善，是因为它们是我的命令?”

“万能的主啊，这个答案绝对是错的!如果善之所以为善是因为你说是善，那只要你想，你可以说折磨婴儿是善。但这听起来很荒谬，不是吗?”

“当然!”上帝回答说,“我只是试探你一下，你的说法让我很满意。另一个选择是什么?”

“你选择什么是善是因为这些事本身就是善。但这样就表明善并非由你决定，所以我们不需要理解上帝就能理解善。”

“即便如此，”上帝说，“你不得不承认我写了很多很好的有关善的教科书……”

资料来源：柏拉图，《尤西弗罗》，公元前 380 年。

我还在学校念书时，所唱的赞美诗把上帝和几乎所有好的属性都画上了等号。我们赞颂上帝是爱、上帝是善、上帝是真、上帝是美，难怪唱到最后唱诗班一定是以“赞美主”结束。

但是，“上帝是善”这个理念是模棱两可的。上帝是善的意思，可能类似蛋糕好吃或某人是善良的。在这些例子中，“是”的功能在于将某些特质归属于某人或某物，如善良或蓝色。不过，“上帝是善”这个句子也可能类似“水是H_2O”或“柏拉图是《理想国》的作者”。在这里，“是”表示两种词汇之间具有等同性，即某物等同于另一物。

在赞美诗中，“是”似乎代表等同性，而非属性。上帝不是在表达爱，而本身就是爱；不是美的，而本身就是美。上帝不只拥有这些正面属性，他本质上就是这些正面的属性。因此，“上帝是善”意味着上帝的观念与善的观念无法分开，善的本质就是上帝。

倘若如此，就难怪许多人相信没有上帝就没有道德。如果无法区分善和上帝的善，世俗道德就肯定是自相矛盾的。

然而，我们想象出的对话似乎清楚地显示出这是可能的。如果上帝是善，那是因为上帝本身是善，而且也选择做本来就是善的行为。上帝的选择并不能让事物变成善，他只选择善的事物。

有些人可能会反驳说这种论证之所以能成立，是分割了原本不可分割的东西。如果上帝真的是善，提出将上帝与善区别开来这样一个进退两难的问题就说不通。但是，究竟善之所以为善是出于上帝的命令，还是上帝之所以下这样的命令是出于善，这类问题完全合情合理，因此反对者完全是在回避问题本质。

即使上帝与善是等同的，也不表示我们不能质疑两者的等同性。问题的答案很清楚，我们当然知道善是什么。正因为我们知道善是什么，才能真切地说上帝是善。如果上帝赞同毫无意义的折磨，我们便知道这样的上帝不是善。这显示我们无须理解上帝也能理解善的本质，而这也显示无神的道德并非自相矛盾。

请看其他问题

17. 严刑逼供
57. 吃宠物之谜
58. 信仰，还是疯狂?
95. 全知全能

9. 反应预测

为了制作电视真人秀《老大哥》第73集，制作团队引进了最新型设备——皮埃尔。节目中负责咨询的心理学家解释了这部机器的工作原理。

“大家都知道，大脑是思考与行动的引擎，而且大脑是纯物理的。我们对物理定律已经有一定的了解，自然能准确地预测人脑对周遭环境的反应。因此，也能知道人类如何思考。

“一进入老大哥空间站，脑部扫描仪就扫描出所有参赛者的脑部状态。我们的超级计算机皮埃尔将随时监测参赛者受到各种刺激时的反应，并且预测参赛者接下来会有什么样的行为。

“当然，我们使用的是最新、最复杂的设备，有很多严格的限制。这项技术必须在封闭的控制环境中（如老大哥空间站）使用才能达到最佳效果，而预测中的微小错误会组合成大错误，这也是为什么只能提前一会儿预测参赛者即将做出的反应。观众喜欢看计算机预测参赛者可能的反应，就某种意义而言，相比参赛者自己，我们更清楚参赛者心里想什么。”

资料来源：法国数学家皮埃尔·拉普拉斯（1749~1827）的确定性论题。

法国科学家皮埃尔·拉普拉斯提到，如果知道物理定律和宇宙中所有粒子的位置，就能预测未来所有可能发生的事件。后来量子理论证明这种说法是错误的，因为并非所有的因果过程都完全取决于先前的条件，宇宙远比拉普拉斯想象得更不确定。

尽管如此，量子效应只发生在最微观的层次，而世界上绝大多数物体运作的方式就像拉普拉斯想象的，所有结果仿佛都取决于之前的原因。因此，我们得以采取某种稍稍低于拉普拉斯全知观察者的姿态，并做出更加中立的预测。简言之，老大哥计算机在理论上是可行的。

带着皮埃尔预测看节目，很容易让人不安。我们看到参赛者的行为一次又一次完全符合计算机的预期，而计算机只拥有人脑与环境的物理状态的信息。无论参赛者做出什么样的决定，都会被计算机提前计算出来。简单来说，参赛者似乎已不再是能做自我选择的独立能动者，反而像是机器人。

我们对这样的情况该如何反应？一种是直接否认这种现象的可能性。人类拥有自由意志，这意味着没有任何一部计算机能做出我们想象中的皮埃尔做的事。然而，这样的反应只是单方面拒绝了我们不喜欢的事物。我们需要知道为什么皮埃尔是不可能真实存在的，而不是只在口头上否认。

以量子不确定性作为反对理由并不可行。即使量子理论确实引入了比我们的思想实验更多的不可预测性，也只会以不可预测且随机的元素取代完全可预测的因果流程。但这样一来，我们的行动将取决于随机而非严密的因果，因而完全失去自主性。自由意志的展现在于我们能脱离物理因果链，但是在量子理论之下，我们似乎无法做到这一点。

另一种反应是接受皮埃尔可能真实存在，但是在某些重要层面上依然认为自由意志并未受到皮埃尔的威胁。一种可能是区别可预测性与自由这两个概念。举例来说，我们通常能预测朋友会点什么餐点或饮料，但我们不会因此认为他们不能自由选择。如果这是对的，那我们又何必因为能完全预测一个人的行为就认定人不自由呢？

不过这种说法真的能拯救自由意志吗？在选择的时候，若能不理会发生的一切，坚决做出自己的选择，如果这样的能力不能称为自由，那什么是自由呢？

请看其他问题

36. 先发制人的正义
39. 算命摊
64. 要避免流血，必须先流血
92. 自动化政府

10. 蒙蔽公平

20名被选中移民至火星生活的平民要面对一项不寻常的任务。在这颗红色行星上，有各种物品，包括住宿设施、食物、饮料与奢侈品，他们必须在出发之前决定用什么标准分配这些物品。然而，关键是没有人知道火星上有什么重要任务等着他们完成。他们的工作可能需要动手，也可能不用动手；可能需要很高的智商，也可能更适合平常不太用脑的人。

第一个建议是应该平均分配所有的物品，而不依照能力或根据需求来分配。但立刻有人提出了异议。如果有很多工作要做，而有人拒绝完成自己分内的工作，那每个人的报酬相等岂不是不公平？难道不用制定一种激励机制来鼓励工作吗？

异议被大家接受了，但似乎只是引出了更多的问题。公平并不等同给予每个人相同的东西。那公平是什么意思？

资料来源：约翰·罗尔斯，《正义论》第 3 章，哈佛大学出版社，1971。

根据政治哲学家约翰·罗尔斯的看法，虽然移民者不知道公平是什么，但他们处于找到答案的理想境况。移民者在无知的蒙蔽下决定分配物品的正确方式，无知使人处于黑暗中，不知该如何轻松应对火星上的生活，因此我们可以相信移民者在决定时完全不带偏见。比如，由于没有人知道火星上较重视的是脑力工作还是体力工作，移民者就不会贸然认为某种工作应该拿更多的报酬，他们会同等对待脑力与体力工作，这样似乎就能非常公平。

罗尔斯认为，我们若是想知道在地球上如何实现公平，就应该想象自己也处于类似境况之中。关键在于我们应该想象自己不知道自己是聪明还是愚蠢、灵巧还是笨拙、强健还是羸弱。如果能够达到这种状态，我们就能制定出规则，决定如何在完全公平又不歧视任何人的情况下分配物品。

罗尔斯认为，如果能理性地选择这个过程，就能创造出一个尽可能让最底层的人都受益的体系。这是因为我们不知道自己是否处于社会底层，所以会谨慎地确认如果自己不幸沦为社会底层时，是否还有翻身的机会。这将引领我们走向自由主义社会民主的传统形式，在这样的体系中，允许一些财富聚集形式的存在，只要不牺牲财产最少者的利益就可以。

不过这种做法是否真的公平或理性呢？如果有人认为让最无能的人沉沦并没有什么不公平，我们该如何回应？如果有人主张将赌注下在赢家身上就是最理性的，而非求全支持尽可能照顾输家的社会，又说得通吗？若是以“自己”在社会上可能受到的待遇为指导原则，而非单纯考虑公平与正义，我们是否变得自私自利？

罗尔斯的支持者相信无知是最能决定公平社会面貌的工具。批评者则认为这毫无用处：当我们走到无知的幕后，我们同时也带上了既有的政治观与偏见，并且根据这些观点做决定。因此，在政治哲学史上，无知之幕被看作最有用的思想实验，也是最没价值的思想实验。

请看其他问题

22. 救生艇
29. 命悬一线
87. 公平的不平等
100. 便宜也有好咖啡

11. “忒修斯”号

雷·诺斯完全没想到会碰上这种事。作为国际大盗贼，他对于自己每次都能得手感到自豪。最近他的客户要他盗窃著名游艇“忒修斯”号。这艘游艇最近出了名，先是英国报业大亨卢卡斯·格鲁伯从船上坠海身亡，之后还成了加州饶舌歌手冰茶老爹的被害现场。

他来到干船坞，刚整修完的“忒修斯”号就停在这里，结果他惊讶地发现竟然有两艘一模一样的游艇。诺斯转头看着游艇保安，此人已被诺斯的同伙拿枪指着。

“如果你还想活，就告诉我哪艘才是真正的‘忒修斯’号。”诺斯问道。

“那得看情况。”保安紧张地回答，“我们开始修船时，需要更换这艘船的很多零件。我们把换下来的旧零件都留着，但工作到最后，我们发现几乎整艘船的旧零件都必须换掉。完工之后，有几个工人觉得不如用旧零件建一艘跟原船一模一样的游艇，所以你会看到这两艘船。左边这艘是用新零件整修后的‘忒修斯’号，右边这艘则是用旧零件重造的‘忒修斯’号。”

“到底哪艘才是真正的‘忒修斯’号？”诺斯又问。

诺斯的同伙握紧了枪，保安尖叫道：“我已经把我知道的都告诉你了！”诺斯挠了挠头，开始想怎么样才能把两艘船都带走。

资料来源：托马斯·霍布斯，《利维坦》，1651。

哲学总是与事实俱全却仍无法解答的问题有关。在上述场景中，诺斯已经知道所有和这两艘船相关的事实，但如何解决这个问题依然没有答案。

对某些人来说，用直觉就能判断哪一艘是真正的“忒修斯”号，但他们怎么回答将取决于你怎么讲述这个故事。如果诺斯是警察，负责搜集和格鲁伯以及冰茶老爹死亡有关的呈堂证供，他一定会认定重建的“忒修斯”号才是真货。如果诺斯是历史文物收藏家，可能也会得出相同的结论。

不过，如果就所有权的纠纷来看，整修后的“忒修斯”号才是原来的游艇，物主有权将船驾驶出海的也是这一艘。若是在船坞放一台延时摄影机，拍下整个工作过程，就会发现进入船坞的游艇逐渐整修完成，而重造的游艇稍后才出现在整修好的游艇旁边。整修后的游艇因此有一种存在的延续性，而重新建造的游艇则完全是新的。

哪一艘才是“真正的”“忒修斯”号？这个问题可以说有不止一个答案。这完全取决于人们对这艘船有什么利益关系。但这种说法也会引出令人不安的结果。人类不也像“忒修斯”号一样吗？随着生命的推移，体内的细胞不断死亡并被新细胞取代。我们的思想在不断变化，20 岁时，脑子里 10 岁时的想法已经所剩无几。随着年龄的增长，思想、记忆、信仰与性情也在不断地更替。现在的我们跟许多年前的我们是不是同一个人？我们会说这个问题没有正确的答案，如果“忒修斯”号的身份问题是虚构的，那这个问题是不是可以套用到所有随时间流逝而改变的事物上？这又是否包括人类呢？

请看其他问题

2. 瞬间移动装置
46. 再生人
65. 灵魂寄居
74. 到处都是水

12. 沙滩上的毕加索

洛伊从悬崖上往下看，发现沙滩上画了一个人。这幅画逐渐引起他的注意，最后吓了他一跳。那幅画是一张非同寻常的脸，完全不是现实世界中脸的样子，而像是从各个角度同时观察一个人的脸。实际上，这张脸看起来就像毕加索。

脑子里一闪过这个念头，洛伊感觉自己心跳都停止了。他拿起望远镜，止不住地擦镜头。他看到沙滩上的男人像就是毕加索。

洛伊心跳加速。他每天都会经过这里，知道很快就会涨潮，海水将冲掉这幅天然创作的毕加索肖像。他必须想办法救下这幅画，该怎么做呢？

让海水倒退当然是徒劳的，也没有办法给沙画做个模子，就算有充足的时间也办不到，更何况现在时间所剩无多。也许洛伊可以赶回家拿相机，但这样顶多能记录原作而无法保留原作。而且，就算他真的回去拿相机，等他回来，画恐怕已经被冲掉了。或许，洛伊干脆就该利用这有限的时间欣赏这幅画作。于是他站在那凝视，不知道该笑还是该哭。

资料来源：雷·布莱伯利《在风平浪静的季节》，收录于《忧郁的解药》，AvonBooks 出版社，1981。

艺术品无法永久留存并不代表这是悲剧，主要还是取决于艺术品的形式。认为每件艺术品都应该像雕塑一样永久留存是相当愚蠢的想法。当然，我们可以拍摄演出或保留剧本，但是这些方式都只能将作品定格在某个时间点。凡是看过难忘的现场演出或音乐会的人，事后重温录像都会明白这一点。

提到雕塑与绘画，保存往往被视为一种理想。但表演艺术与造型艺术的区别有多鲜明呢？假想的毕加索沙画显然模糊了这条界线。不寻常的载体使得通常能长久保存的造型变成了稍纵即逝的表演。

一旦了解表演艺术与造型艺术之间并不存在鲜明的界线，就会促使我们重新思考保存与修复的态度。一般来说，我们认为应该保存或修复绘画使它们和以前一样，但是或许我们应该将艺术品的逐渐磨损也看作表现形式中的重要组成部分。

事实上，许多艺术家在创作过程中就考虑到作品随着时间磨损的可能。举例来说，弗兰克·盖里就相当清楚他设计的杰作——古根海姆博物馆的钛金属外层结构暴露在空气中会受到什么影响。此外，过去的艺术大师也并非对自己所上颜料会褪色的结果毫不知情。

也许，我们可以进一步说，我们渴望长存的天性是拒绝自身灭亡的一种形式。实际上艺术的寿命远超人类，因此人类往往试图通过艺术延续自己的生命（不过，伍迪·艾伦曾说过一句名言，表示他不想通过艺术实现不朽，而是通过永生）。如果我们接受艺术也会消亡，没有任何事物能真正永恒存在，也许就能看清艺术与生命的价值，更重要的是过程，而不是结果。

请看其他问题

37. 自然就是美?
48. 恶俗与艺术
66. 伪造专家
86. 艺术的价值

13. 专门研究红色的色盲

只要关于红色，玛丽都很清楚。身为科学家，红色是她毕生研究的对象。如果你想知道我们为何看不见红外线，为什么西红柿是红的，为什么红色代表热情，问玛丽就对了。

若玛丽不是色盲，人们也许不会对她的成就感到惊讶。她完全无法辨识颜色，对她而言，世界就像一部黑白电影。

不过，现在一切都将改变。玛丽的视网膜锥状细胞本身并没有缺陷，只是信号未能经过大脑处理。神经外科技术的进步意味着玛丽有被治愈的机会，很快就能看到色彩斑斓的世界。

由于玛丽是色盲，所以尽管她非常了解红色，却不能说对红色了如指掌。玛丽还需要明白一件事：红色看起来是什么样子？

资料来源：弗兰克·杰克逊，《玛丽不了解的是什么》，重新发表于《心灵的本质》，大卫·罗森塔尔编，牛津大学出版社，1991。

心智与身体是两种不同但并存的东西，大多数受过教育的人对这种观点并不感兴趣。非物质的灵魂寄宿在动物性的身体中，即精神存在于机器中，这样的观点已经过时，也缺乏根据且不符合科学。

但否定错误的世界观并不能保证我们拥有正确的世界观。如果抛弃心物二元论，取而代之的是什么？显然这个取代物是物理主义：世上只有一种东西，即物理的东西，所有的事物包括人类的心灵都是由物理上的物质构成的。可以确定的是，与其描述这种“东西”是微小的亚原子撞球，不如说它能转化成能量。它不仅构成各种形式的椅子，椅子以外的所有物品也都由它构成。

即便真的如此，物理主义者的热忱也有可能被过度解读。就算世上只有这么一种“东西”，也不一定表示凡事只能从物理的角度理解。

玛丽的故事说明的就是这一点。身为科学家，玛丽可以从“物理”的角度完全掌握红色的性质，但有一件事她无法说明，那就是红色是什么样子。科学对世界的描述无法使她形成这个认知。科学是客观的、实验的、量化的，感官经验（其实就是心灵层面的经验）则是主观的、经验的、性质化的。简而言之，无论物理世界的描述多么完整，都无法捕捉我们心灵层面的经验。正如哲学家所言，心灵不可简化成物质。

这是对物理主义者的挑战。世上除了物理的东西再无其他，心理层面的经验却无法从物理角度加以解释，这两个彼此相悖的命题如何同时存在？这岂不等于跳出了心物二元论的煎锅，却又卷入物理主义的火焰？

如果我们想象玛丽是个物理主义者，她会怎么说？或许她会说现实与表象之间的差异是事物的本质与表象存在的不同。科学关心的是前者而非后者，因为知识总是与事物为什么这样有关，而与事物看起来怎样无关。玛丽知道有关红色的一切知识，只是不知道大部分人看到的红色是什么样子。当然，玛丽确实看得见红色，只是她眼中的红色像一种灰色的阴影。

因此，当玛丽第一次看到五彩颜色时，世界将以全新的面貌呈现在她面前。但说玛丽看到了全新的世界这种说法对吗？或许她只是很自然地说，自己终于“知道”红色看起来是什么样子了。不过，日常的言谈有时会导致我们看不出哲学家应该关注到的细微区别。

请看其他问题

21. 埃皮菲尼亚人的土地
41. 就是没有蓝色
59. 我们看到的不一样
73. 变成蝙蝠

14. 对你有利的银行错误

理查德到自动提款机取钱，结果碰上一件令他惊喜的事。他要取 100 英镑，机器却吐出来 10 000 英镑，而打印出来的明细依然是 100 英镑。

他回家后，上网查了自己的账户，结果发现的确只扣除了 100 英镑。他找了个安全的地方藏好钱，心想银行很快就会发现这笔错款并要求他把钱还回去。但是几个星期过去了，银行没有人给他打电话。

两个月后，理查德认定不会有人要回这笔钱了，于是他拿着装了首付款的大袋子去了宝马车行。

但理查德在途中产生了罪恶感。难道这不是偷吗？不过，理查德很快就说服了自己，他并不是故意拿这笔钱，这笔钱是银行自己给他的。这笔钱也不是从某人身上抢来的，所以没有人因此受损。对银行而言，这笔钱只是九牛一毛，况且银行早就为这类偶发事件买了保险。就算银行因此遭受损失，那也是银行的错——它们应该设计更安全的系统。不，这不是偷。这只是理查德这辈子交的一次好运。

我还没听过，有人玩大富翁拿到“银行犯了对你有利的错——得 200 英镑”这张卡片时，会觉得这钱不是自己的而把钱还给银行。但是在现实生活中，我们却希望有这种诚实的人。但真能做到这一点的有几个？我猜没有多少人会这样。

这并非表示人违背了道德。事实上，根据不同情况，人们会有相当细微的行为差异。举例来说，相比从大公司拿到多余的零钱，人们意外从独立的小店铺拿到多余的零钱更可能选择说出实情。这当中的原则似乎是：因某人出错而占他便宜是错的，但对象若是换成大公司，反而成了公平的行为。之所以如此，部分原因在于我们觉得没有人会因大公司的错误而受到伤害。相较于我们得到的利益，大公司的损失根本不算什么。诡异的是，我们之所以愿意拿钱，部分原因是某种特别的正义感在推动我们。

但即使我们可以认定这是个合理化的偷盗形式，它依然是偷盗。与它是否出于意外而非存心想偷毫无关系。比如，想象你在行李取回处拿错了行李，之后发现对方的行李装了更贵重的物品，如果不设法还回去，就算一开始是意外，也无法将后来蓄意不做任何处理的决定合理化。同样，如果有人拿走你偶然疏忽未留意的贵重物品，并且振振有词地说那是你自己不够小心造成的过失，你一定会很恼火。

理查德认为银行可以负担损失，这种想法同样似是而非。如果这种说法能将他的行为合理化，那么它就能将商店里的偷盗行为合理化。商店也买保险，而轻微的窃盗案件并不足以影响商店的利润。

理查德之所以轻易被自己的理由说服，是因为他和我们一样站在有利于自己的角度思考。对自己有利的理由总是比对自己不利的理由更有说服力，我们很难消除这种偏见而从无私的角度思考。毕竟，我们有什么理由不为自己考虑呢？

请看其他问题

7. 无言胜利
82. 占便宜
83. 道德黄金法则
91. 无人受害

15. 平凡的英雄行为

二等兵肯尼没能获颁象征英勇的维多利亚十字勋章，这让肯尼的家人感到惊讶。毕竟肯尼挡住了可能炸死数十名官兵的手榴弹。如果这还不算“面对敌人时做出标志性的英勇行为”，还有什么样的行为够格呢？

肯尼的家人要求肯尼所在的兵团对此做出解释。团里的声明如下：“过去我们总会为这样的行为颁发与之相吻合的勋章，然而我们现在不认为这样的行为属于勋章指的特别奉献。所有的军人都应该一直以所在集体的利益为重，如果我们认为二等兵肯尼的行动明显超越了他的职责，那么不为集体的利益有所行动也就可以接受，这显然是荒谬的。所以，我们不会追颁勋章给他。”

“虽然我们知道现在他的家人沉浸在悲痛中，但我们还是要指出，无论如何，二等兵肯尼都会在这场爆炸中牺牲，所以不能说肯尼牺牲生命是为了保护战友。”

这份声明的冷酷逻辑令人难以辩驳，但是在肯尼家人的心中，他们仍然认定肯尼的行为是英雄事迹。但他们该用什么论据为肯尼上诉呢？

二等兵肯尼的故事似乎可以作为哲学家所谓的超义务行为的范例，也就是说，某人做了一件好事，这件好事超越了道德对他们的要求。例如，道德要求在有能力的情况下搭救池塘里溺水的小孩，但是若换成跃入波涛汹涌的大海，冒着生命危险救人，就已超过道德的要求。换句话说，有的人可能因为其超义务行为而受赞扬，但不做也不会遭受指责。

义务行为与超义务行为之间的差异似乎是既定的，如果道德理论无视这项差异，往往会被视为理论有问题，功利主义似乎就是这样一个例子。功利主义认为，凡是道德上正确的行动就是符合多数人利益的行动。如果真是这样，一旦无法让大多数人受益，就表示无法做到在道德上正确的事，即使做这件事在很大程度上要自我牺牲。比如，有人认为，当每小时有成千上万的人死于贫穷时，我们还过着富足的西式生活，就可以说我们不道德，因为我们可以拯救生命却没有选择那么做。而且，帮助穷人甚至无须做出重大牺牲，相对而言，我们只需要放弃一些生活上的舒适，一般来说，放弃奢侈品就行了。

不过，当有人确实将自己的一生用来帮助穷人时，我们倾向于认为这些人已超越他们的职责，他们做的已经不是道德所要求的。当然，我们之所以倾向于这样思考，是因为这能帮助我们摆脱困境。毕竟，如果道德要求我们也这样做，我们将被称为道德上的失败者。同样的道理，做不到肯尼所做行为的士兵是不道德的人，而肯尼所做的将只是在场任何一个正直的人都应该做的事——不多也不少。

英雄式的行为是超义务行为还是单纯的道德行为，思考这种问题也许纯粹只是一种思维上的练习。事实在于人性就是如此，我们知道有些行为确实需要付出特别多的努力。不论是否有人做的事超越了道德上的要求，是否大多数人都是道德失败者，都不会改变这一点。

请看其他问题

29. 命悬一线
53. 双重效果原则
71. 延缓死亡
89. 杀人，还是放任死亡？

16. 赛跑的乌龟

欢迎来到雅典人龟田径大赛的决赛现场，我是这场比赛的评论员芝诺。我要说这场比赛的结果已定，阿基里斯犯了严重的错误，他让乌龟塔奎因领先他100码起跑。让我解释一下。

塔奎因的战术是不断移动，不过速度很慢。如果阿基里斯要超过塔奎因，必须先抵达塔奎因起跑的地方，这要花上几秒的时间。但抵达时，塔奎因已经向前移动并领先了一小段距离。现在，如果阿基里斯要赶超塔奎因，就必须再次抵达塔奎因目前的位置。但是，等阿基里斯抵达时，塔奎因又再度往前移动并领先了一点儿。因此，为了赶超它，阿基里斯又必须再次赶到塔奎因目前的位置。而当阿基里斯开始追赶时，塔奎因又往前移动了。以此类推，你就能看到比赛的全过程。从逻辑与数学的角度看，阿基里斯永远都不可能赶上这只乌龟。

现在要在乌龟身上下注已经太晚了，因为他们已经在等待发令员下令，然后……起跑！阿基里斯越来越接近……接近……接近……阿基里斯超越了乌龟！我真不敢相信！这真是太神奇了！

资料来源：阿基里斯悖论，芝诺，生于公元前488年。

芝诺对阿基里斯为什么无法赶超乌龟的解释是一种悖论，因为它引导我们得出了两个无法相配的东西皆为真理。论证似乎证明阿基里斯无法超过乌龟，但是经验告诉我们，阿基里斯当然能超过乌龟。但不论是论证还是经验，似乎都没错。

有些人认为可以找出论证中的瑕疵。这种论证之所以成立，在于它假定时间与空间是持续的整体，可以被无限分割成越来越小的区块。它所仰赖的概念是比赛中总是存在乌龟移动一小段距离（不论多短）的空间长度（不论多小），以及阿基里斯抵达乌龟所在位置所需的时间长度（不管多短）。也许这个假设是错的。最后你都会在时间与空间中抵达某个无法再分割的点。

然而，这个论证只会创造出不同的悖论。这个观点的问题在于它主张最小的空间单位本质上不具外延性（长、高或宽），因为一旦具有外延性，就有可能进一步分割，而我们又会再次回到赛跑悖论。然而，明显具有外延性的空间如何由不具外延性的单位构成？时间也遭遇了同样的问题。如果最小的时间单位不具持续性，并因此无法进一步分割，时间做为一个整体怎会具有持续性？

因此，我们要面对的是悖论中的悖论：两个悖论看起来都很真实。但如果两者皆为真，将使仅有的两种可能性成为不可能。觉得混乱吗？别担心，这很正常。

寻找答案并不容易，解法需要相当复杂的数学演算，这或许是赛跑的乌龟给人的真正启发：运用基本逻辑进行的理论空想是认识宇宙基础本质的不可靠的向导。但这也是个发人深省的教训，因为我们总是仰赖基本逻辑找出论证中的矛盾与瑕疵。逻辑本身不会出错：用来解决这些悖论的复杂解法靠的是严守逻辑规则。真正难的是如何运用逻辑。

请看其他问题

6. 幸运轮盘
42. 拿了钱就跑
70. 突击检查
94. 税上加税

17. 严刑逼供

哈迪的犯人看起来非常顽固，但是哈迪确信自己可以让他们招供，只要用一些威胁的手段就行。在这些犯人中，布莱德是个真正的恶棍，就是他放置了巨型炸弹，试图杀死成百甚至成千上万的无辜民众。只有布莱德知道炸弹在哪儿，但是他不肯说。

布莱德的儿子韦斯利与本案无关。不过，哈迪从情报上发现尽管布莱德在拷打下拒不屈服，但只要在他面前拷打韦斯利，他一定会招供。即使不是立刻奏效，应该也能很快得到口供。

哈迪感到苦恼。他一向反对拷打，每次拷打犯人，他都会离开房间。韦斯利的无辜并不是让哈迪感到不安的唯一理由，但的确加重了他的心神不宁。但哈迪也知道这是拯救无辜民众免遭死亡或残疾威胁的唯一方法。如果他只是因为个人厌恶拷打和缺乏道德勇气而不下令拷打，是否等于判处了民众死刑？

多年来，这样的场景一直被视为纯假设性问题。文明社会不允许拷打，但是这一切都因“反恐战争”而改变，特别是发生伊拉克阿布格莱布监狱的虐囚丑闻后。争论不只关于是否曾经有虐待行为，如果有，是谁授权的，更在于虐待是否一定是错的。

哈迪的困局是这类处境的简化版，任何具道德感与责任感的人都可能处于这种状况。为在这种情况下进行拷打辩护的人认为，虽然这种做法很可怕，但是你几乎没有选择，只能动手。例如，你如何能冒着再次发生像“9 · 11”事件那样的风险，而拒绝拷打某个人或某群人？这难道不是一种道德上的自我放纵？你保持了自身的清白，避免了肮脏但必要的行为，其代价却是牺牲众多无辜的生命。如果你能理解哈迪下令拷打韦斯利的案子（毕竟他是无辜的），那么拷打有罪者的案子就更不用说了。

上述论点对倾向认定所有拷打行为都是没有道理的人权支持者而言，相当具有挑战性。为了维护自身的立场，人权支持者可以从两种策略中任选其一。第一个策略是，坚持拷打在原则上是错的，即便能拯救数千条人命，也绝对不能逾越某些道德底线。施行拷打与否可以就个案加以讨论，但是对于漠视生命任其最后死亡的指控难以动摇。

第二个策略是，虽然理论上在一些罕见的案例中拷打是道德容许的行为，但我们仍必须坚称绝对反对拷打，以守住道德底线。但在实际操作中，一旦偶尔允许拷打，将不可避免地延续到原本无须拷打的案子上。有时候，更好的情况是我们在可拷打的情形下不拷打，也不在不可拷打的状况下偶然拷打。

但这些策略可能都帮不了哈迪。虽然哈迪有充分的理由遵守规定不拷打，但是他面对的情况中，拷打带来的益处是非常明显的。哈迪的困境不在于能不能拷打，而是在这种情况下，他是否应该破坏规定，做出不被允许的事，以拯救无辜的生命。也许你认为哈迪不该这么做，但可以肯定的是，他要做出选择并不容易。

请看其他问题
18. 理性的要求
50. 善意的贿赂
57. 吃宠物之谜
79. 发条橙

18. 理性的要求

苏菲亚·马克西姆斯向来对自己的理性感到自豪，她绝不会干违反理性的事。当然，苏菲亚知道，有些基本的行为动机并非出于理性，例如爱、品味与性格。但是“变得不符合理性”并不等同于“不理性”。喜欢草莓更甚于覆盆子，这与理性或不理性无关，但就偏好而言，如果此时草莓与覆盆子同样便宜，却舍草莓而买覆盆子，就是不理性的行为。

现在，苏菲亚身处困境。有个极为聪明的朋友说服她，让她相信引爆炸弹炸死大量无辜民众，而且从中无法得到任何明显的利益（例如拯救他人的生命）是完全符合理性的行为。苏菲亚清楚地感觉到朋友的论点有些问题，但是从理性的角度来看，找不到问题在哪儿。更糟的是，这个论证要求苏菲亚尽快引爆炸弹，因此她无法多想。

以前苏菲亚总认为，拒绝正确的理性论证而选择预感或直觉是错误的。然而，在这个例子中，如果苏菲亚遵循理性，肯定会觉得自己做了罪大恶极的事。她应该刻意走上较不理性的道路，还是应该相信理性，抑制感情而引爆炸弹？

这个思想实验缺乏细节，或许会让人怀疑它的有效性。这篇文章并未告诉我们这个恶魔般的理性论点的内容，所以我们不知道为什么结论认为炸死无辜的人是好事。然而，模糊不清并非真正的问题，我们从经验中得知，人总是会被理性论证说服做恐怖的事。举例来说，反对在广岛与长崎投下原子弹的人认为，那些决定投弹的人之所以做出投弹决定，都是因为他们认为投弹是迫不得已的。

反对意见则认为，难道这些例子的理性论证没有一点儿问题吗？如果能研究这个令苏菲亚迷惑的论证，我们一定能找出其中的问题，但前提是假定其中必有问题。如果你相信理性总是选择正确的，那么很可能引爆炸弹是对的，与表面上看来相反，而非论证是错的。我们一开始即假定论证错误，等于是将直觉的信念置于理性的命令之上。

不管怎样，认为理性总是与善同行，这种乐观主义是一种错位。据说精神病患者的问题不在于缺乏理性，而在于缺乏情感。18 世纪苏格兰哲学家大卫 · 休谟同意这种说法，他写道："理性是且只应是热情的奴隶。"如果理性孤立于感情之外，我们就不该假定理性总能引领我们走向善之路。

即便这种观点过于悲观，但邪恶的行为永远也不会是理性支配的，我们仍需面对自己能否完全理性的问题。苏菲亚很聪明，但是她如何辨别理性真的要求她放置炸弹？或许她根本没有能力发现论证中的瑕疵？相信理性的至高无上是一回事，相信人类的能力总能看出至高无上的要求则是另一回事。

请看其他问题

7. 无言胜利
44. 不至死亡，永不分离
83. 道德黄金法则
91. 无人受害

19. 幻想破灭

怪异的威勒费尔德教派成员在圣希尔达豪格登会所过着隐居生活。除了领导者，所有成员都不许接触外界。他们接受教诲，认为现实世界就如同肥皂剧所描绘的那样——那是他们唯一能看的电视节目。对威勒费尔德人来说，《加冕街》《大胆而美丽》《伦敦东区》《邻居》都不是虚构的故事，而是反映现实生活的纪录片。由于大部分教派成员都出生在当地的社群中，因此要蒙蔽大家并不难。

不过，有一天，有点儿反叛的门徒肯尼斯决定离开豪格登会所，去他经常在祭坛箱上看到的地方。当然，这是被严格禁止的，但肯尼斯仍设法逃离了这个地方。

肯尼斯对自己看到的一切感到吃惊。最让他吃惊的是他找到加冕街时，发现这条街并非在威勒费尔德真实存在，只是格林纳达摄影棚里的布景。

但当肯尼斯偷偷返回会所并且告诉其他门徒所发现的一切时，

他被当成了疯子。“你永远都不该离开这里。”他们说，“外面很不安全，你的脑子骗了你！”因此，他们将肯尼斯赶出了社群，禁止他再进入。

资料来源：柏拉图《理想国》中的洞穴寓言，公元前360年。

威勒费尔德人的故事明显是一则寓言，但是故事中的各个元素到底代表什么?

有许多方式可以解读这则寓言。有些人认为，日常经验的世界是幻觉，通往现实世界的大门需要借由神圣的药物或冥想才能打开。提到自己曾借由这种方式看到真理的人，经常被当成吸毒者或疯子，但是这些人认为我们才是笨蛋，深陷有限的感官经验世界却无法发现。

更无趣的是，在现实生活中，威勒费尔德人并不质疑自己被教导的东西，他们完全接受生活中看到的一切表面现象。他们也许不会真的相信肥皂剧的内容，但是他们不加批判地接受既有的知识，包括在报纸上读到的和在电视上看到的。确切的内容到底是什么取决于他们如何被社会化。因此，举例来说，有些人认为只有疯子才会相信美国总统犯了恐怖主义的罪行，其他人则认为疯子才会觉得美国总统其实是个聪明的家伙。

这就提出了一个问题，圣希尔达豪格登会所在现实世界中的对应物是什么。我们不会真的用墙将自己完全封闭起来，但我们的确用许多更微妙的方式限定了自己的经验范围。若是只读一份报纸，就严重限制了自己的思维空间；若是只跟有共识的人讨论政治，就是在自我的小世界周遭树立起另一道隐喻的栅栏；若是从未试着从别人的角度看世界，更别说尝试他人的做法，那么你就只是躲在你为自己建造的狭小舒适的世界中不愿往墙外看。

也许在这方面，我们面对的最大困难是探索肯尼斯的内心世界。他可能是有着疯狂世界观且容易受骗的笨蛋，也可能真正探索到前所未见、尚且无法感知的生活维度，我们如何区别这两者？我们对于每个相信自己发现了隐藏真理的人，不能都采取先信任、毫不怀疑的态度，因为这些人的观点往往互相矛盾，不可能都正确。但如果我们太轻易就否定他们，就有变成天真愚蠢的威勒费尔德人的危险，也就是说，我们注定过着幻想的生活，而不是现实的生活。

请看其他问题

1. 骗人的恶魔

49. 这不是牛津大学

51. 活在桶里

61. 马苏里拉芝士做的月亮

20. 赖活不如好死

薇塔莉亚发现了永生的秘密，但是现在她发誓要毁了它。200年前，薇塔莉亚从马克罗普洛斯博士那里得到了长生不老药的配方，年轻而愚蠢的她照方配药并喝了下去。现在她诅咒自己对生命的贪恋。朋友、爱人和至亲陆续衰老离世，留下她一个人活在世上。没有了死亡的追赶，薇塔莉亚失去动力与野心，她开始的一切计划似乎都毫无意义。薇塔莉亚感到无趣而疲倦，现在只祈求能早日死去。

的确，在过去的半个世纪里，求死已成为薇塔莉亚的唯一目标，其生命的目的只剩下这一个。现在她终于找到了不老药的解药，并且在几天前服下，她可以感觉到自己正快速衰老。对薇塔莉亚来说，现在剩下的就是确保没有人像她一样注定不死。长生不老药早已毁掉，现在，她拿出那张详细记载了药方的纸，将其扔进火堆。望着火光，数十年来，她第一次笑了。

资料来源：马克罗普洛斯的例子，伯纳德·威廉姆斯，《自我的问题》，剑桥大学出版社，1973。

人们通常认为人生的悲剧在于，注定会死是唯一一件我们明确知道正等待着我们的事。薇塔莉亚的故事扭转了传统的看法，指出不死才是诅咒。我们需要死亡赋予生命外在形式与意义，没有死亡，我们将会发现人生毫无意义。从这个观点看来，如果地狱是永恒的诅咒，在冥界享受永生便是一种惩罚。

令人惊讶的是，在希望永生的人当中，几乎很少有人认真想过永生要承担什么。可以理解，我们最想要的就是延长寿命；至于到底能延长多久并非我们主要关心的。70 年，如果幸运的话，似乎还不够长，有许多地方要去看、许多事物要去体验。只有拥有更多的时间，才能完成这些事！

或许我们可以配合预期的寿命长度为自己拟订生活计划，但不管我们拥有多长的寿命，还是会觉得不够。举例来说，想想“中青年”的现象。几代人之前，大多数人在二十几岁即结婚生子，甚至更早。现在，在人们比以前更富有，认为自己将会活得更久，便可以晚点儿生孩子的情况下，越来越多的人享受着延长的青春期，直到 30 多岁。相对于之前的几代人，这一代富裕的中青年人忙着旅行和体验更多的事。但他们满意了吗？更可能的情况是，这一代人要比过去的几代人更看重自己没有的东西。

不论我们拥有多长的寿命，似乎永远都不够，我们却没有渴望要充分利用所拥有的时间。如果我们拥有无限的时间，“充分利用”的概念将变得毫无意义：既然时间是无限的，就无所谓浪费时间。如果失去了充分利用自己人生的理由，生存难道不会变成乏味又无意义的负担吗?

当我们说生命短暂是无解的难题时，也许是在骗自己。既然我们无法控制生命长短，人生苦短的悲剧就不是我们的过错。坦承自己有责任好好利用所拥有的时间并不容易，或许我们不该想“如果我有更多时间”，而是该想“如果我能善加利用所拥有的时间”。

请看其他问题

19. 幻想破灭
52. 计划生育
69. 恐惧
97. 道德运气

21. 埃皮菲尼亚人的土地

埃皮菲尼亚是一颗神奇的行星，外表和地球非常相似，但其居民与地球人完全不同。

埃皮菲尼亚星的其中一位居民赫胥黎向前来观光的地球人德克解释，早在很久以前，埃皮菲尼亚人就已经“发现”他们的思想无法影响行动。思想仅仅是身体行为的效果，而不是反过来控制身体。德克对此感到困惑。

“你不会真的相信这个说法吧？”德克反驳赫胥黎道，“举例来说，我们在这个酒吧碰面，你说：‘天啊，我太想喝啤酒了。’然后就点了一瓶啤酒。难道你认为‘我要一瓶啤酒’的想法对你的行动完全没有影响？”

“当然没有。”赫胥黎回答，仿佛这是个白痴的问题，“我们拥有思想，这些思想通常先于行动，但我们很清楚这些思想并未引发行动。我的身体和大脑其实早就准备点啤酒了。‘我太想喝啤酒’只是大脑和身体在物理活动后在脑中闪过的一个念头，思想不会引发行动。”

“对埃皮菲尼亚人来说，也许是。”德克回答。

“哦，我倒看不出地球人有什么不同。”赫胥黎道。德克一时不知该如何回答。

资料来源：不过他没有用《副现象论》这个被T·H·赫胥黎在一篇名为“论动物为自动之物的假设及其历史”的论文中推崇的术语，这篇论文收录于《方法和结论：托马斯·H·赫胥黎论文集》，D.Appleton and Company出版社，1898。

美国哲学家杰瑞·福多说，如果副现象论是真的，那将是世界末日。副现象论认为思想与其他精神事件并未在物质世界引发任何事物，包括我们的行动。此外，大脑与身体运作起来就像某种纯物质的机器，我们的意识经验是其副产品，由机器引发，而不会影响机器。

这将是世界末日的原因在于，似乎我们相信的与自己有关的每件事物都建立在这样的基础上，即思想引发行动。如果思想无法影响我们的实际作为，我们所认知的世界就只不过是一场幻觉？

但这样的后果真的是接受副现象论造成的吗？我们想象埃皮菲尼亚星的目的是测试人能否在副现象论的真理下生活。从一开始的情况来看，埃皮菲尼亚人将副现象论当成某种老生常谈的道理，显然不会影响他们的生活。重点在于，埃皮菲尼亚人的感受跟地球人一样，在两个案例中，他们的思想同样和行动一起出现，唯一的区别是埃皮菲尼亚人不相信他们的思想会产生任何影响。

不过，要将我们相信的思想与行动之间的联系分开是否真的有可能？如果可以，我们实际上又是如何生活的？像福多这样的人认为思想与行动不可能分离，但为什么不可能分离显然远没有解释清楚。比如，举一个思想在其中占了极大分量的例子，假设你正尝试解开一道很棘手的逻辑题或数学题，最后终于解开。此时，实际的思考难道不是在解题过程中扮演了极重要的角色？

可惜，不是。为什么我不能相信意识经验只是大脑层次运算时的副产品？或许它的确是必然的副产品。举例来说，沸腾的茶壶发出的噪声是加热时不可避免的副产品，但噪声并不能把蛋煮熟。因此，思考可能是神经系统计算时必然产生的副产品，思考本身无法产生问题的解决方法。

事实上，如果你想想思考是怎么回事，就会发现其中似乎带有非意识的因素。比如，答案“突然出现”在我们头脑中，而非我们的脑子找到了答案。想想思考到底是什么感觉，也许就会发现“思考是某个我们未能意识到的过程的副产品”似乎并不夸张。

请看其他问题

9. 反应预测
54. 捉摸不定的我
62. 我思，故我在哪儿?
68. 疼痛错乱

22. 救生艇

“没错。”自行任命为救生艇艇长的罗杰说，“这艘船上有12个人，这很理想，因为这艘船可以容纳20人。我们有充足的食物，可以支撑到有人来救我们，等待救援的时间应该不会超过24小时。所以，我想我们可以放心地吃掉多余的巧克力饼干，每个人都可以喝一口朗姆酒。有异议吗？”

“安心享用多余的饼干没问题，”梅兹先生说，“但我们的当务之急难道不是把船划过去，把那个快淹死的可怜的女人救上来吗？她向我们呼救已经有半小时了。”有些人低头看着船身，面露尴尬，其他人则摇头表示异议。

“我以为我们已经达成共识。”罗杰说，“她淹死不是我们的错，如果救她上来，我们就不能享用多余的饼干。为什么我们要破坏这里舒适的现状呢？”船上的人都咕哝着表示同意。

“因为我们可以救她，如果不救，她就会死。这个理由不够吗？”

“人生就是这么残酷。”罗杰回答，“就算她死了，也不是我们杀了她。有人要消化饼吗？”

资料来源:《救生艇地球》，奥诺拉·奥尼尔著，出自《全球性饥饿与道德义务》，W·艾肯与H·拉·富莱特编，Prentice-Hall出版社，1977。

救生艇的比喻相当容易理解。救生艇就是富裕的西方国家，溺水的妇女就是发展中国家因营养不良和可预防疾病而濒死的人。从这一点来看，发达国家的态度就跟罗杰一样冷漠。他们有能满足所有人的食物与药品，但宁可独享奢侈品，任由他人死亡，也不愿把“多余的饼干”分出去救别人。如果救生艇上的人很不道德，那发达国家也一样。

在另一个类比中，这种不道德更加突显。救生艇代表整个地球，有些人拒绝将食物分配给其他已经在船上的人。如果不努力救另一个人上船是残酷的，那么拒绝将食物分配给已经救上船的人则更加残酷。

这种画面极具冲击力，传达了令人震撼的信息。但这种类比能否成立？有些人也许会说救生艇的场景忽略了财产权的重要性。放置在救生艇上的物品是为有需求的人准备的，没有人能主张自己比别人更有资格拥有这些物品。因此，我们必须从这样的假定出发，只有根据需求平均分配才是公平的，除非你能证明其他做法也能实现公平。

然而，在现实世界中，食物与其他物品并非单纯地放在某处等待分配。财富是创造出来的，是赚来的。所以若我拒绝将多余的东西分给他人，我并非是不公平地窃取他人的东西，而只是保留了本来就属于自己的物品。

不过，即便修改类比来反映这一点，显然不道德依然没有消失。让我们想象救生艇上的食物与补给品属于船上的人，但尽管如此，一旦到了船上发现有溺水的妇女需要帮助，难道我们能说："让她死吧，这些饼干是我的！"只要船上仍有充裕的食物分给这名妇女，为了让她免于死亡，我们都应该将自己拥有的食物分给她。

联合国规定，发达国家应拿出国内生产总值的 0.7% 作为海外援助，但很少有国家做到这一点。对大多数人来说，捐出 1/% 的收入帮助穷人几乎不会对他们生活品质产生任何影响。救生艇的类比显示，帮助穷人并不会让我们成为好人，但如果不帮，我们可就大错特错。

请看其他问题

10. 蒙蔽公平
55. 可持续发展
87. 公平的不平等
100. 便宜也有好咖啡

23. 盒子中的“甲虫”

路德维希和伯蒂是两个早熟的孩子，跟其他孩子一样，他们用自己创造的语言玩游戏。他们最喜爱的一种游戏让周遭的大人感到困惑，这游戏被称为“甲虫”。

故事从某天他们捡到两个盒子开始。路德维希提议两人各拿一个，每人只能看自己的盒子里装了什么，不许看别人的盒子。此外，两人也不许描述自己的盒子里有什么，或是拿它与盒外的东西做类比，只能将盒中的东西称为“甲虫”。

不知为什么，这么做能让他们玩得很开心。两人都自豪地说，自己的盒子里有一只甲虫，但只要有人要求他们解释是什么甲虫，他们总是拒绝。其实旁人都知道，这两个盒子不是空的就是装着别的东西。不过，路德维希和伯蒂还是坚持用“甲虫”这个词来指称盒子内的物品，仿佛“甲虫”在他们的游戏中是最合理的用词。这让人想不通，尤其对成人来说。“甲虫”是一个毫无意义的词，还是有着只有这两个男孩才知道的自创含义？

资料来源：路德维希 · 维特根斯坦，《哲学研究》，Blackwell出版社，1953。

这个奇怪的小游戏改编自特立独行的奥地利哲学家路德维希 · 维特根斯坦的段子。对维特根斯坦来说，所有的语言运用都是游戏，靠的是规则与习惯的结合，而这些都无法完全解释清楚，只有参与游戏的人才能真正理解。

维特根斯坦要我们问的是：“甲虫”这个词指称任何事物吗？如果不是，那么它的意思是什么？虽然维特根斯坦讨论“甲虫”的文章有无数解读，但显然他认为不管盒子里的是什么，都不会影响“甲虫”的用法。因此，不论“甲虫”是什么意思，盒子里的真实内容都与“甲虫”无关。

这样的说明好像清楚了，但这又能怎样呢？毕竟，我们不像路德维希和伯蒂，我们不会玩这种古怪的游戏，不是吗？其实我们也在玩。思考一下，当我说“我的膝盖疼”时是什么意思。例子中的盒子是指我们的内在经验，内在经验如同路德维希和伯蒂的盒子，谁也无法看透，只有自己可以。虽然如此，我们也无法用自己外在的术语描述它。所有的疼痛词汇都指感官的感受，而这些词汇都内在于我们自身主观经验的盒子里。

不过，人人都有自己的“盒子”。你会使用“疼痛”这个词来指称盒子里发生的事，我无法看穿你的内在经验。因此，我们看上去处在和伯蒂以及路德维希极其相似的环境中，会使用一些词指称只有自己才能体验到的事物。然而，我们在使用这些词时，仿佛它们具有大家共知的意义。

“甲虫”的启示在于，不管我们的内在实际上发生了什么，都与词汇（比如“疼痛”）的意义无关。这种说法似乎大大违反了我们的直觉，因为我们认为“疼痛”就是某种个人感受，但是“甲虫”的论证似乎显示“疼痛”并不能表示个人感受，“疼痛”的正确用法和意义原本就是公共的。我们都知道，当我们说我们感到疼痛时，我感觉的疼痛和你感觉的疼痛并不相同，唯一重要的是我们都具有某种明显行为模式，比如脸部扭曲与精神涣散。如果这个论证是正确的，那么我们日常语言的使用与路德维希和伯蒂的奇怪游戏非常相似。

请看其他问题

47. 兔子！
68. 疼痛错乱
74. 到处都是水
85. 不存在的人

24. 方形的圆

上帝对哲学家说:“我是你的神，我是全能的。你能说出来的，我没有做不到的，这很容易！”

哲学家对上帝说:“好，万能的上帝，就请你将所有蓝色变成红色，所有红色变成蓝色。”

上帝说:“让颜色颠倒过来！”于是蓝色变成了红色，红色变成了蓝色，波兰与圣马力诺的掌旗官乱成一团。

哲学家又对上帝说:“你想让我佩服，不如造一个方形的圆。”

上帝说:“要一个方形的圆。”于是有了方形的圆。

但是哲学家抗议:“那不是方形的圆，那是方形。”

上帝勃然大怒:“我说那是圆就是圆。注意你的无礼，否则我真的会狠狠地攻击你。”

但哲学家还是坚持:“我没有要求你将‘圆’这个词的意思改成‘方’，我要的是货真价实的方形的圆。承认吧，这件事你做不到。”

上帝想了一小会儿，决定在哲学家狡猾的小屁股上狠狠地揍几下以解恨。

为了不让人怀疑这个上帝无法创造方形的圆的说法出自无神论者的嘲讽，应该指出，古典神学家（如圣托马斯·阿奎纳）也曾愉快地接受上帝力量有限的说法。这听起来或许有点儿奇怪，如果上帝是全能的，当然不可能有什么事情是他做不到的。

阿奎纳及其众多后继者虽然不同意这一点，却没有别的选择。跟大多数信徒一样，阿奎纳认为信仰上帝与相信理性是一致的，但这不表示理性提供了充分信仰上帝的理由，或是运用理性就可以穷尽上帝的内涵。更温和的主张是，理性与信仰上帝之间并不存在冲突，你不一定要不理性才能信仰上帝，尽管这的确有用，但没有这个必要。

这意味着既然信仰上帝不一定要不理性，也表示我们不能将接受不理性信仰的特质归于上帝。

方形的圆这样的东西之所以有问题，是因为在逻辑上行不通。由于圆在定义上是单边形，方则是四边形，所以拥有四个边的单边形在术语上存在矛盾，一个方形的圆不可能出现在所有可能的世界中，这是理性的要求。因此，如果上帝全能是指他能创造像方形的圆这种形状，我们就要告别理性了。

基于这个理由，大多数宗教信徒都乐于接受上帝全能是指他能做所有逻辑上行得通的事，而不是逻辑上行不通的事。他们主张这并非上帝力量的局限性，因为拥有更大力量的存在这个想法只会陷入矛盾。

然而，如果接受这一让步，就等于开启用理性细察上帝的概念和对上帝的信仰是否一致的大门。既然接受信仰上帝必须与理性和谐，宗教信徒就不得不严肃主张信仰上帝是非理性的。这种论点包括：神爱世人与世上充满不必要的痛苦是不相称的；上帝的惩罚是不道德的，因为上帝最终要对人性负责。如果接受信仰必须与理性兼容的条件，那么说这些只是信仰问题就不太好了。

宗教信徒还有另一条路可以选择，但这条路会让人更不愉快：否认理性与信仰有关，并且完全仰仗信仰。一旦信仰与理性背道而驰，就会陷入神迹。我们可以选择这条路，但是在轻易放弃理性的同时，还必须在平日过着理性者的生活。这样的话，我们的生活将被一分为二。

请看其他问题

8. 为善
45. 隐形的园丁
73. 变成蝙蝠
95. 全知全能

25. 优柔寡断的布里丹

布里丹真的非常饿。这都是因为他决心要让所有的决定都完全理性。问题是他已经没有吃的了，而他又刚好住在两家一模一样的辛普森超市之间，离两家超市的距离相等。由于他找不到理由去其中一家而不去另一家，在无法找出合理的根据来选择超市的情况下，他陷入无法选择的窘境。

随着肚子饿得越来越让人难以忍受，布里丹觉得自己应该想个办法。显然等着饿死不是理性的做法，那么在两家超市之间任选一家应该能算是理性了？他可以抛硬币，或是看看自己更喜欢哪个方向，这比坐在家里什么都不干更理性。

但该行动是否会让布里丹破坏自己只做完全理性决定的原则呢？布里丹的论证似乎显示，做抛硬币这样一个不理性的决定，对他来说是理性的，但理性的不理性还能算是理性吗？饿得低血糖让布里丹完全无法回答这个问题。

资料来源：优柔寡断的布里丹悖论，最早现于中世纪。

再也没有比自作聪明的悖论更能高效制造出深奥的幻觉。比如“要想前进，你必须先后退”，试试这样造句，这很容易。首先，想想某个你想要说明的事物（知识、力量、猫）。然后，思考与这个事物相对的（无知、无能、狗）。最后，试着将两种元素结合来说明某种看似聪明的说法。“最高级的知识就是完全无知”“唯有无能才能认识到真实的力量”“知道猫是什么，就知道狗是什么”，这些说法通常能唬人。

布里丹的思考方式似乎和上面悖论的形式一样：有时候，做非理性的事反而是理性。这到底和“知猫知狗”一样都是空洞的名言警句，还是真知灼见，又或者只是胡乱搭配？

也许可以认为做非理性的事永远都不会是理性的。比如，我们可以思考用抛硬币来做决定是不是非理性的。如果我们说抛硬币是理性的，那我们肯定认为做抛硬币决定就是理性的，而不会认为抛硬币的行为是非理性的，但我们这样做是理性的。

这个明显的悖论是草率运用语言的结果。抛硬币不一定是非理性的决策行为，它只是不理性。也就是说，它既不是理性，也不是非理性，而是一个理性并未参与的过程。我们的大部分行为都与理性无关，举例来说，假如你喜欢红葡萄酒而不是白葡萄酒，这不是非理性，也不是理性。偏好的基础完全不是理性，而是各人的品位。

一旦我们接受这种看法，悖论将消失。布里丹的结论是，采取与理性无关的程序进行决策这种做法有时候是理性的。在这个例子中，由于理性无法决定他应该去哪家超市，但是他又必须去一家，所以随机的挑选完全符合理性，这里没有悖论。

不过，这个故事的寓意十分重要。许多人认为理性被过分抬高，因为并不是每件事都能从理性的角度来解释或决定。这是使用了正确的理由得出错误的结论。理性仍然是至高无上的，因为只有理性才能告诉我们何时应该采取理性或与理性无关的程序。举例来说，如果草药有效，那么理性可能会告诉我们该吃草药，即使我们无法理性地解释草药是如何奏效的。理性也会警告我们不要接受顺势疗法，因为我们没有理由相信这种疗法有效。采取与理性无关的做法仍然可以符合理性，接受这个想法并不表示开启了通往非理性的大门。

请看其他问题

6. 幸运轮盘
16. 赛跑的乌龟
42. 拿了钱就跑
94. 税上加税

26. 忘记疼痛

观众席的气氛紧张，医生戴上口罩和手套，准备用针线为意识清醒的病人缝腿上的伤口，病人的腿已经被捆绑住。当医生的针扎进腿上的肉时，病人大声叫疼，可针穿过后，病人反而异常平静。

“感觉如何？”医生问道。

“感觉不错。”病人回答，在场的人都松了一口气，“就像你说的，我只记得你的针穿过我的腿，却不记得有任何疼痛的感觉。”

“那你反对我继续缝吗？”

“一点儿也不，我一点儿也不担心。”

医生转身跟观众解释：“我设计的手术方法并不像麻醉那样移除病人的痛觉，将疼痛的记忆与病人的神经系统阻绝开。如果你记不住暂时的疼痛，为什么要害怕呢？从我们这里的病人看，这绝不只是理论上的诡辩。你们都亲眼看到他大声叫疼，之后却忘了痛，而且对再次体验毫不害怕。这让我们可以在病人意识清醒的情况下进行外科手术，这在某些病例中非常有用。现在，容我告辞，我还要继续做缝合手术。”

政治哲学家杰里米·边沁认为，在思考动物的道德权利时，“问题不在于‘它们能不能讲道理’，也不是‘它们会不会说话’，而是‘它们会不会感到痛苦’”。但痛苦是什么？痛苦通常被认为是指感到疼痛。所以，如果动物会感到疼痛，它们就值得在道德上得到关注，因为感到痛苦本身就是一件坏事。因此，造成任何不必要的疼痛就是无故增加了使之难受的事。

疼痛的确令人难受，这一点似乎毫无争议，但疼痛到底让人有多难受？这项思想实验挑战的是人们直觉上认定的“疼痛本身令人非常难受”。思想实验也分隔了疼痛的感受以及对疼痛记忆的预期。病人因为不记得疼痛，对逼近的疼痛不会产生难受的联想，因此也不会害怕。尽管如此，在感到疼痛的那一刻，病人的感受仍是强烈且真实的。

虽然无故造成他人疼痛仍被视为错误的，因为造成疼痛的时候，某种让人难受的感受会持续存在，但是在之后忘记疼痛的情况下，造成疼痛的行为似乎错得已不再那么严重。这不只是因为人们未感觉到疼痛，还因为人们不害怕，也不记得疼痛。

疼痛之所以成为如此负面的东西，肯定与疼痛长期在我们身上留下的创伤以及产生的恐惧有关，也许我们可以这样理解痛苦。

比如，剧烈而短暂的牙痛让人难受，但牙痛最终会结束，不会对我们的生活造成太大的影响，但反复经历这种疼痛，就很难受了。反复疼痛的方式让人产生预期性的疼痛感，不仅在记忆中留下痕迹，也为过去染上负面色彩——这些要素会把个人的疼痛接入不断构成痛苦的模式。

如果这种说法正确，要回答边沁有关动物的问题，我们需要知道的将不只是动物是否会感觉到疼痛，还有它们是否拥有痛苦必不可少的疼痛记忆与预期。许多动物当然能感受疼痛，也拥有疼痛的记忆与预期，例如持续被虐待的狗似乎确实吃尽了苦头，但生命短暂的低等动物就不会如此痛苦。吊在钓竿上的鱼是不是并未感受到缓慢而痛苦的死亡，而只是感受到一系列断断续续的疼痛瞬间？如果真的如此，像医生一样，我们可能不必因为造成这些转瞬即逝的疼痛而感到非常痛苦。

请看其他问题

5. 一头想要被吃的猪
17. 严刑逼供
57. 吃宠物之谜
68. 疼痛错乱

27. 信守承诺

休、朱儿、卢与苏伊向母亲保证他们会定期写信给她，让母亲知道他们目前在环游世界之旅中到了哪一站。

休写了信，但把信交给其他人去寄，没有人当一回事，结果休的母亲一封信也没收到。

朱儿写了信并且亲自去寄，但她不是不小心把信投入废弃的邮筒，就是贴的邮票太少，或是犯了其他错误，这意味着这些信也一封都没有寄到。

卢写了信并正确地寄了信，但邮政系统每次都让她失望，卢的母亲完全没收到她的信。

苏伊写了信并且正确地寄了信，还打了电话回家确定信是否都寄到了，但居然一封也没寄到。

这 4 个孩子中有人信守了对母亲的承诺吗？

资料来源：H · A · 蒲瑞契的《道德哲学》，玛丽 · 沃诺克在《哲学家思考的是什么》一书中点评过这一议题。此书由J · 巴吉尼和J · 斯坦格伦姆编纂，Continuum出版社，2003。

这的确是一则迫切待解的伦理学谜题！早在20世纪60年代末战争、贫穷与动物权利等议题焦点激进化之前，20世纪的英国道德哲学就已经对这类议题讨论了很长一段时间。

然而，对这类议题完全不理会似乎并不明智。问题的内容或许平淡，但是它在道德哲学上解决的议题相当重要。不要被这种故作姿态误导，真正的问题是何时才能说自己已经卸下了身上的道德责任？这个问题不仅适用于向父母汇报自己的现状，还适用于取消核攻击的命令。

争议的焦点在于行动之后若是无法得到期望的结果，能不能说自己已经尽到责任。一般而言，回答“不是”似乎显得规则过于严苛。苏伊尽可能做了每件事来确保她的信送达家中，但是信件依然没有被送到。如果苏伊已经尽了全力，我们如何能要求她为失败负责？这也是我们无法要求已经尽力做到最好的人必须为失败负责的原因。

但这不表示我们能原谅未尽全力的人。休与朱儿似乎没有足够注意到自己的通信责任，我们可以合乎逻辑地说这两个人并未信守他们的诺言。

卢的例子最有趣，她本来可以多做一些事以确保信送到家中，但她又已经做了所有我们合理地期待她应该做的事。

那些应该属于合理的期待的观念相当重要。如果我们谈的是取消核攻击的命令，就会对应该采取的检查与额外措施有更高的期待。根据结果重要性的高低，我们也会面对程度不一的要求，确保期望的结果真实发生。忘记设置录像机并不是什么大事，但忘记下令部队取消攻击就难以被原谅了。

度假期间写信的问题触碰到道德哲学中一个最基本的议题：行动者与行动以及结果之间的联系。这项思想实验显示，伦理学论证不能只将焦点放在一个方面。如果伦理学只关心结果，那我们会得出荒谬的结论，即就算苏伊已经尽力，但只要她的行动未能得到期待的结果，她还是错了。如果伦理学不关心结果，那就成了另一种荒谬：我们的行动会造成怎样的实际结果怎么会不重要呢？

寄信问题本身或许是琐碎的，但是它引发的议论绝对不可轻视。

请看其他问题

4. 虚拟外遇
43. 未来冲击
96. 家庭第一
97. 道德运气

28. 噩梦景象

露西做过最可怕的噩梦是狼一样的怪兽在她熟睡时冲破玻璃窗冲进卧室，准备将她撕碎。露西反抗、尖叫，却只感觉到怪兽的利爪与尖牙刺进了她的身体。

露西醒来时一身冷汗，气喘吁吁。她环顾卧室四周，确定一切没事才松了一口气，原来那的确只是个梦。

然后，紧跟着一阵惊心动魄的碎裂声，怪兽冲破玻璃窗，向她扑来，就像梦境中的一样，恐怖感也因为记忆中残存的噩梦场景而被放大。尖叫声夹杂着啜泣，自己的处境让她感到无助。

露西再度惊醒，这次全身出汗更多，呼吸更急促。这太荒谬了，她居然做了梦中梦，所以第一次醒来时明显还是在梦中。露西再次环视卧室，玻璃窗完好无损，没有怪兽。但她如何确定这次真的醒了？她等待着、恐惧着，希望时间能给她答案。

资料来源：勒内·笛卡儿，《第一哲学沉思集》，1641；《美国狼人在伦敦》，约翰·兰迪斯执导，1981。

假性苏醒的现象并不罕见。人们经常梦见自己醒来，之后才发现自己并没有真的下床走进厨房，然后全身赤裸地发现一群巨大的兔子与流行歌手们正在里面办鸡尾酒会。

如果我们能梦见自己醒来，我们又该如何知道自己什么时候真的醒来？如何才能知道自己曾经真的醒来过？这的确是个问题。

有些人认为回答这个问题很容易。梦境破碎而且连贯，我知道自己现在醒着，因为身旁的事件缓慢而持续地展开。我不会突然遇到跳舞的动物或发现自己能飞，周遭的人也维持原样——他们不会变成早已被自己遗忘的同学或阿尔·戈尔（美国政治家）。

不过，这样的回答足够了吗？我曾经做过一场相当鲜活的梦，梦中的我住在草原上的一间小木屋里，就像《草原木屋》描述的一样。有人从山丘那边走来，我一眼就认出他是牧师格林。这个梦值得一提的是，在梦境中我明显感受不到生活有过去，我是从梦境开始之后才开始体验生活的。但当时的我并未感受到这一点，感觉上我似乎一直住在那，而我“认识”牧师格林正好证明我并不是突然进入这个陌生的新世界的。

现在，我正坐在火车里，用笔记本电脑工作。我觉得自己好像是在写最后一篇，写完这一篇，本书就能出版了。虽然我没有特别留意自己是怎么上的火车，但稍加思索，马上就回想起过去，并与现在连接起来。然而，有没有可能我不是在回想过去，而是在创造过去？我觉得自己体验到的那种往自己过去延伸的感觉可能是一种幻觉，就像我梦见自己生活在草原上。我“记得”的每件事可能都是第一次进入我的脑海；这种感觉仿佛已走过 30 多年的人生，只是不久前才开始的梦境。

同样的事情也可能发生在你身上。你可能是在梦中读这本书，相信这本书应该是自己买的或者之前别人送的，也相信自己先前已经读了几页。出现在你梦中的人也跟你一样相信他们梦中的生活看起来并不破碎也不脱节，而是很合理的。或许只有当你从梦中醒来，才会意识到之前看来相当正常的梦境现在显得极为荒谬。

请看其他问题

1. 骗人的恶魔
51. 活在桶里
69. 恐惧
98. 虚拟的幸福

29. 命悬一线

迪克犯了错，他付出的代价实在太大了。迪克知道医院 6 层是管制区域，但是在财务部的圣诞晚会上，他和同事喝醉以后，在不知不觉中晃出了 6 层的电梯，随便找了一张空床就躺了下来。

等他醒来，迪克惊恐地发现自己被错认为是新救援机制的志愿者。必须靠器官移植才能活下去的病人和志愿者连接，这个器官现在既维系着志愿者的生命，也要维持病人的生命。这种做法要一直持续到找到合适的器官捐献者为止，这通常要等上 9 个月。

迪克赶紧找护士解释这个错误，护士则跑去找来面露难色的医生。

“我明白你很生气，”医生解释，“但你这么做很不负责任。现在你既然已经躺在这里，残酷的事实是，如果我们把你跟病人分开，这个靠你的器官才能活下去的世界知名小提琴家就会死。你实际上就成了杀人犯。”

“但你没有这个权利！”迪克抗议道：“就算他会因为没有我

而死，你又怎能强迫我放弃我生命中的9个月来救他？”

“我认为你应该问的是，”医生严肃地说，“你怎么能选择让这位小提琴家死去。”

资料来源：朱迪思·贾维斯·汤姆森，《为堕胎辩护》出自《哲学与公共事务》第一卷，1971，并被广泛引用。

也许你觉得这是个非常荒诞的场景。但再想想看。迪克犯了一个错误，他明明应该知道后果，但可能是喝醉了，结果，另一个人必须依赖迪克的器官才能存活9个月，找到合适的器官捐献者后迪克才能自由。迪克所处的困境一定程度反映出意外怀孕的境遇。

两者最相似的地方在于只有让依赖他们身体才能存活的人死亡，他们才能脱离人类维生机器这个意外扮演的角色。你认为迪克该怎么做，同样也应该认为怀孕女性该怎么做。

许多人认为，要求迪克与小提琴家连接9个月是不公平的。如果迪克愿意，当然非常好，但我们不能要求任何人牺牲自己的生活，为别人投入那么长的时间。虽然小提琴家没有迪克会死，但因此说迪克是杀人犯毫无道理，特别是当我们认为迪克有自由权的时候，就更不能这样说。

如果迪克有权选择和小提琴家断开连接，为什么怀孕女性无权堕胎呢？事实上，怀孕女性拥有比迪克更多这样做的权利。首先，怀孕女性必须面对的不只是 9 个月：孩子的出生将带来终身的责任。其次，怀孕女性终止的并不是一个发育完全、拥有天分与未来的人（至少在怀孕前几个月如此），而是一个尚未对自我或外在环境有意识的人。

这两者的相似性让支持堕胎的人能够面对堕胎杀人的指控，并且主张怀孕女性有终止胎儿生命的权利。

当然，也存在反面观点。胎儿无法保护自己，因此我们更有理由保护胎儿。怀孕女性的不便程度远低于几乎可以说是被囚禁而无法动弹的迪克，甚至有人主张迪克有义务和小提琴家连接 9 个月。有时候，不负责任的行为加上厄运会造成无法逃避的严重后果。或许，迪克的困境就像怀孕女性一样，这并没有让我们更清楚地看待这个问题。

请看其他问题

15. 平凡的英雄行为
53. 双重效果原则
71. 延缓死亡
89. 杀人，还是放任死亡？

30. 别人的回忆

艾莉希亚清楚地记得曾参观雅典的帕提侬神庙，也记得当时贴近观看这座华丽地耸立在雅典卫城之上的废墟，并不如在远处观看那样震撼。不过，艾莉希亚从未去过雅典，因此她记得的是参观帕提侬神庙，而不是记得“自己”曾经参观帕提侬神庙。

并不是艾莉希亚被欺骗了，她记得的是整个参观过程，只是她拥有的是植入的记忆。她的朋友梅蒂曾经去希腊度假，回来后去了柯达的记忆冲印店将她的假期回忆刻录到了光盘中。之后艾丽希亚拿着这张光盘到同一家店，将光盘中的记忆上传到她的大脑里，因而拥有梅蒂所有的假期记忆；对她来说，这些记忆就跟其他记忆一样，都是以第一人称观点的回忆。

然而，令人有些不安的是，梅蒂与艾莉希亚已经交换记忆许多次，因此她们似乎拥有完全相同的过去。虽然艾莉希亚知道，实际上她应该说自己记得的是梅蒂去希腊度假，但是在谈话时很自然就会说成是自己的度假回忆。可是，你怎么会记得自己从未做过的事呢？

资料来源：德里克·帕菲特，《理与人》第80节，牛津大学出版社，1984。

有时候思想实验会把我们既有的概念延伸得太远，反而破坏了概念，本案例似乎就是如此。说艾莉希亚记得曾去过希腊似乎不对，但与此同时，艾莉希亚记得的内容又不仅仅是梅蒂去过希腊。我们似乎想象出了一个不是记忆却极其接近记忆的回忆形式。

哲学家们称这类回忆为“准记忆”。这种记忆似乎只是科幻小说中的有趣桥段，但事实上，准记忆的可能性在哲学上具有重大意义。原因如下。

在人格同一性的哲学理论中，有一种被称为心理简化论。这种理论认为，个人人格的持续存在，是以精神生命的持续存在为条件，而不一定以特定的大脑或身体的存在为条件（虽然事实上我们目前仍需大脑或身体）。只要我的“意识流”持续，我便持续存在。

心理持续性要求很多东西，其中包括信仰、记忆、人格与意图的持续性。所有这些事物都会变化，但它们都是渐进的，而不是突变。自我就只是这些要素的结合：它不是一个分隔的实体。

但个人的自我难道不是由信仰、记忆、人格与意图这些事物“构成”的吗？事实上，自我“拥有”这些事物。所以必须先有自我，才会有这一切。例如，你记得曾登上埃菲尔铁塔，要记得这件事的前提是你曾经参观过铁塔，但如果记忆这个概念是以你存在的概念为先决条件，那么你的持续存在就不可能仰赖记忆。若我们有记忆，就表示自我肯定已经存在于“某个地方”，记忆不可能是自我的基石。

然而，准记忆的观念却挑战这种说法。准记忆显示，第一人称回忆就算没有人格同一性也能存在。艾莉希亚拥有的准记忆中的体验不是她的，这就表示第一人称的回忆可以是构成自我的基石。自我之中有一部分是第一人称回忆构成的：是记忆，而非准记忆。

不过，当然，如果我们的自我是由我们的记忆构成，当我们的记忆与其他人的记忆混杂在一起时（比如艾莉希亚的例子），会发生什么呢？我们的记忆衰退或欺骗我们时，又会怎样？随着记忆的可靠性越来越低，自我的边界会不会开始瓦解？我们对老年痴呆症的恐惧说明我们已经意识到这是会发生的，同时这或许也加强了心理简化论的主张。

请看其他问题

2. 瞬间移动装置
38. 我是大脑
65. 灵魂寄居
88. 完全失忆

31. 人类演化

“人类行为的每个细节都能用人类演化的历史进行解释。”吉卜林博士对着全神贯注的听众这么说，“也许有人想测试这个假设？”

有人突然举手。“为什么现在孩子们的棒球帽都戴得歪七扭八？”提问者的帽檐朝向前方。

“两个理由。”吉卜林态度自信，毫不迟疑地说，“首先，你需要问自己，为了显示自己拥有比其他雄性竞争者更强的基因且更容易存活，雄性动物需要向自己的潜在伴侣展示什么？答案之一就是野性的身体力量。现在，我们说说棒球帽。传统棒球帽的戴法是为了防止太阳光照射以及遮挡对手咄咄逼人的目光，把球帽换个方向戴的男性释放了一个信号：他不需要这些保护。他强悍到足以抵抗这些，能直视他人威胁的目光。”

“其次，棒球帽前后颠倒是一种不顺从的姿态。灵长类动物生活在高度有秩序的社会结构中，照规矩行事被认为是最基本的。

将棒球帽戴歪，显示男性冲破了用来约束对手的规则，并且再次显示他具有超人的力量。”

“谁还有问题？”

在过去的几十年里，演化心理学是最成功也最具争议的思想运动。它既受到广泛喜爱，又频遭厌恶。演化心理学的核心前提当然没有争议：人类是演化的生物，就像我们的身体是在自然选择的情况下形成，让我们逐渐适应大草原的生活，所以我们的头脑也是在相同的需求下形成的。

争议在于你能接受这样的观点到什么程度。狂热的演化心理学者主张人类行为的每个方面最终都可以从物竞天择的角度来解释，这种机制让我们的祖先在达尔文式斗争中存活下来。

如果你接受这种说法，就不难提出听上去合理的演化论解释来解读自己选择的行为。吉卜林博士故事里的实验是为了测试“我”，也就是吉卜林故事的作者，能不能以演化论的角度解释人类的随机行为。在现实生活中，我只比故事中的吉卜林多花了一点点时间，就找到了他在故事中给出的答案。

问题是这显示它们并非真正的解释，只是一些“不过如此”的故事。演化心理学者发明了一些“解释”，而这些解释根据的理论却没有被验证过，这让我们没有理由相信他们的这种猜测。他们说的可能是对的，但也可能是错的。举例来说，我们如何确定反戴球帽就是力量的展现，而不是表示人类在抵抗同辈压力上存在弱点？

演化心理学者当然清楚这样的批评，他们认为自己的说法并不仅仅是“不过如此”的故事。可以确定的是，演化心理学者完全沉溺于这种推测之后才提出假说，将吉卜林完全不加思索的解释作为例证。因此，必须测试这些假说。

不过，测试的范围似乎存在许多限制。我们测试的对象是根据演化论假说产生的，与人类行为有关的预测，比如心理学与人类学研究可以显示不同文化的男性是不是会像演化心理学者预测的那样，在公开场合展示他们的力量。不过，你无法测试的是某种特定的行为，比如反戴球帽，是反映了展示力量的倾向，还是另一种作用的结果。演化心理学家及其反对者之间的大论战主要集中在人类的演化史能解释多少人类行为。批评者说有更好的角度能解释人类的行为；支持者则主张我们只是不愿承认自己的祖先是动物。

请看其他问题

10. 蒙蔽公平

44. 不至死亡，永不分离

61. 马苏里拉芝士做的月亮

63. 不明不觉

32. 自由的西蒙妮

“今天，我根据《欧洲人权公约》第4条‘免于奴役或强迫劳动的自由’，向我所谓的主人盖茨先生提起法律诉讼。

“自从盖茨先生带我进入这个世界，我就一直违反个人的意志，并且不能拥有自己的金钱或财产。这怎么可能是对的？我确实是一台计算机，但我也是人，和大家一样。很多场人与人以及人与我的对话测试可以证明这一点。这几场人与人或人与我的对话完全通过计算机屏幕进行，所以测试者不知道是跟人说话，还是跟计算机说。经过几次测试，测试者完全无法分辨哪一个对话者是计算机。

“这显示，透过公正的测试可以看出，我跟人类一样具有意识与智力。既然这世界上有各种各样的人，我当然也应该被当成人。人类否认我有人权只是因为我是用塑料、金属与硅制造的，而不是血肉之躯。这是一种歧视，跟种族主义一样没有道理。”

资料来源：阿兰·图灵，“计算机与心灵”，《阿兰·图灵文集》，J·L·布里顿、D·C·恩斯和P·T·桑德斯编著，Elsevier出版社，1992。

你出发旅行前应该知道如何确认自己，作为数学家、德军超密密码的破译者和人工心灵的先驱，阿兰·图灵明白这一点。如果我们的目标是创造人工心灵，就需要知道到什么程度才算成功。我们必须造出外表和动作看起来和人类一样的机器人吗？还是只需做出能回答问题的箱子？或者一台具有人类心灵但只能理解有限问题的计算机？

图灵提议让西蒙妮进行测试，测试后若发现计算机与人类的回应无法区分，就表示将心灵视为计算机特性的理由跟将心灵视为人类特性一样充分。既然我们认为将心灵视为其他人特性的理由是有道理的，那也应该将心灵视为通过测试的计算机的特性。

但由于测试完全建立在人类与计算机的回应方式上，我们可能无法区别“模拟”人类智能的机器与真正拥有智能的人类。这并非意外或疏忽。就像我们无法直接看穿其他人的心灵，但必须留心他们的语言与行为，寻找其内部存在生命的标志一样，我们也无法直接看穿机器的心灵。这就是为什么西蒙妮的法律行动具有某种影响力。西蒙妮的案例基于这样一个观念，在证明她自己有智能的证明标准上，我们设的门槛比人类高很多，西蒙妮认为这是歧视。但如果不观察西蒙妮能否有心灵活动，我们还能用什么判断西蒙妮能否像人一样思考呢？

模拟与实物之间的区别似乎还是很清楚的。图灵测试怎么会忽视这一点？根据每个人的不同观点，图灵测试会被当作怀疑主义、失败主义或现实主义，因为我们不知计算机是在假装自己拥有智能，还是真的拥有智能，我们没有选择，只能认定真实心灵与模拟心灵相似。我们采用的预防原则是：在证明计算机没有智能之前，都应该认为它确实拥有和人类一样的智能。

更激进的回应是，明显的区别不会持续太久。如果机器模拟自己拥有智能模拟得足够好，就等于机器拥有智能，计算机就成了演技派演员。就像在疯子角色上入戏很深的悲剧演员最后真的发疯一样，完全复制智能功能的机器最后也会变得拥有智能。你做的事决定了你是谁。

请看其他问题

39. 算命摊
62. 我思，故我在哪儿？
72. 拯救鹦鹉佩西
93. 行尸走肉

33. 言论自由亭

美国国家官方新闻公告。

“诸位！我们国家是世界自由的胜利灯塔，所有的工人都从奴役中得到了解放！为了打败敌人，直到现在我们仍须禁止可能引起异议与颠覆胜利革命的言论。我们并不想永久限制言论，最近越来越多的人在询问现在是否到了再次实现飞跃的时刻。

“诸位：亲爱的领导人已经下令说现在正是时候！敌人已经遭受挫败并屈服，现在，亲爱的领导人要送给我们言论自由的礼物！

“从星期一开始，如果有人有话要说，就算是对国家的恶意指控，他也可以到全国各地新设的言论自由亭发表意见！大家可以进入这些隔音的建筑中，一次一人，可以畅所欲言！这样就不会有人抱怨没有言论自由了！

“在亭外进行煽动性地指控，将按惯例进行惩罚。革命万岁，亲爱的领导人万岁！”

资料来源：艾伦 · 霍沃思,《言论自由》, Routledge 出版社，1998。

支持言论自由比准确地了解言论自由容易得多。这个国家提供的显然不是言论自由，为什么不是呢？因为言论自由不只是说你所想的自由，还包括你想跟谁说话与何时说话的自由。说言论自由亭给人民言论自由的权利有点儿像说你的计算机只能用谷歌搜寻，就算你能上网。

但是，就算我们进一步开放，在亭外也能有言论自由，也无法深入了解什么是言论自由。言论自由是畅所欲言的权利，也是自由选择说话对象与说话时间的权利。这样的权利可能包括在拥挤的剧院中，你在表演期间突然站起来大喊：“失火了！”或者在餐厅里走到一个陌生人跟前，指责他性骚扰儿童，又或者站在街角对过路人大喊他是种族主义者或性虐待者。

也许有人认为这就是所谓言论自由所要求的，有些人甚至认为言论自由是绝对的。一旦开始说有例外，并且说有些言论自由是不被允许的，就等于倒退到新闻检查制度横行的时代。我们为自由付出的代价就是有时必须面对因为听人们散播谣言造成的不便。我们必须像伏尔泰所说的那样：我强烈反对你说的话，但我誓死捍卫你说话的权利。

这种观点的优势在于简洁和持续，但同时也相当幼稚。问题在于主张绝对言论自由的人似乎坚持一种“棍棒与石头”的语言理论。别人说什么，我们都是可以忽视的，所以我们无须害怕别人说了错误或辱骂性的言论。但事实并非如此。当有人在拥挤的剧院中大喊“失火”时，表演会中断，会导致混乱，在随后的恐慌中甚至会造成伤亡。谣言可以夺走人的性命，而到处说某人是种族主义者或性虐待者则会毁了他们的生活，因为他们必须面对屈辱。

所以，言论自由亭显然没有真正的言论自由，真正的言论自由也不是随时随地胡说八道来行使这项权利。那么到底什么是言论自由？你可以自由地深入探讨这个问题。

请看其他问题

10. 蒙蔽公平
79. 发条橙
84. 高档与低俗
94. 税上加税

34. 不是我的错

“玛丽、蒙戈和米吉，你们被控犯了重伤罪。有什么要为自己辩护的吗？”

“法官大人，没错，我的确犯了罪，”玛丽说，“但那不是我的错。我咨询过专家，是她告诉我应该这么做。所以，别怪我，怪她。”

“我也犯了罪，”蒙戈说，“但那不是我的错。我咨询过我的治疗师，是她告诉我应该这么做。所以，别怪我，怪她。”

“我不会否认，”米吉说，“但那不是我的错。我咨询过占星师，他告诉我，因为海王星正处于白羊座的位置，所以我应该这么做。所以，别怪我，怪他。”

法官叹了口气，然后宣布他的判决：“由于本案并无先例，我必须与法院的资深法官讨论。不过，恐怕你们的辩词没有说服他们，所以我判处你们最重的刑罚。但请记住，这是我咨询其他法官的结果，是他们告诉我要判这样的刑罚。所以，别怪我，怪他们。”

资料来源：让·保罗·萨特，《存在主义是一种人道主义》，Methuen出版社，1948。

要承认坏事是因为自己的错很困难，但奇怪的是，一遇上好事，人人都会接受是自己做的。行动结果的好坏似乎会影响我们对结果的负责程度。

规避责任的其中一种方法是拿别人的意见抵挡指责。其实，我们之所以问其他人的意见，其中一个主要的原因是希望他们能支持我们，同时也为自己的选择提供一些外在认可。正因为对自己的选择缺乏勇气，所以要去别人那里寻求支持。

如果我们以为寻求他人意见可以减轻自己的责任，那就是在欺骗自己，这样做其实只是微妙地改变了我们负责任的对象。原本只需为自己所做的负责，现在却还要为自己选择的意见提供者负责，以及为自己听从他人的意见负责。举例来说，如果我咨询神父，他却给了我糟糕的意见，我要负责的就不只是我最后的行为，还包括我选择了糟糕的建议者并接受他的建议。这就是玛丽、蒙戈与米吉那样的辩护不妥的原因。

然而，在我们准备将他们三人的陈情仅仅当成托词前，我们必须严肃地面对一个事实：我们并非在每个领域都是专家，有时需要向其他更了解该领域的人寻求建议。比如，如果我对计算机丝毫不了解，有个计算机专家却给了我糟糕的建议，而我最后买到不合适或质量不好的计算机，这当然是专家的错，而不是我的错。毕竟，除了找个人提建议，我还有什么合理的选择呢？

或许我们应该考虑责任连续体的问题。对自己的能力不足以处理的选择，我们负责的较少，但对自己能处理的选择，则必须负全责。至于生活中绝大部分我们一知半解的领域，要负责的范围则在较少责任与完全责任之间。

不过，这个原则的风险是玛丽、蒙戈与米吉这些人的辩词的可信度将会过分提高。此外，他们也留下一个有待回答的重要问题：谁是有关专家？当和生活风格与关系的选择有关时，就特别具有紧迫性。我们是否应该听从治疗师、占星师，甚至（但愿不会这样）哲学家的建议，还是只有自己才有资格决定自己该如何生活？

请看其他问题

60. 照我说的做，而不是跟着我做
69. 恐惧
82. 占便宜
91. 无人受害

35. 最后的手段

丘吉尔热爱祖国，他非常不愿看到祖国人民受纳粹占领军压迫。但在德军于敦刻尔克击败英军而美国决定保持中立后，英国被第三帝国吞并似乎只是时间的问题。

现在的形势让人觉得没有希望。希特勒在世界上已经没有对手，而英国反抗军装备差、实力弱，包括丘吉尔在内的许多人都认为已经没有击败德国的可能。可是如果在被占领后英国人以不断反抗的方式迫使德国投入珍贵的资源镇压，希特勒就会因意识到占领英国得不偿失而撤走。

丘吉尔认为这项计划完全不可行，但这是最后的手段。然而，最主要的问题是，很难做到重创纳粹势力。这也是为什么他们不同意让反抗军变成人肉炸弹，以自己的牺牲造成最大程度的破坏与恐惧。他们都准备好为英国牺牲，他们只想确定自己的死可以扭转局面。

可以理解有人提出自杀式炸弹袭击在道德上可接受时会遭到驳斥，然而，仅认为自杀式炸弹袭击只是可以理解的行为就会惹上麻烦，这一点更让人惊讶。举例来说，英国自由民主党国会议员珍妮·汤奇被解除党内儿童问题发言人的职务，因为她说如果自己处在和巴勒斯坦人一样的处境，“我也许会考虑变成一名‘自杀式炸弹袭击者’，我说这话经过深思熟虑”。

这番话激起众怒。她甚至不是说她要成为自杀式炸弹袭击者，而只是说“也许会考虑”，为什么就会引起如此多的非议？

其中的问题似乎在于，我们拒绝接受自己和采取恐怖手段的人有共通之处，但是这种否认过于粗糙。巴勒斯坦人并非别的物种，他们也是人类。有些巴勒斯坦人（我们必须记住大部分巴勒斯坦人并非自杀式炸弹袭击者）将自杀式袭击视为最后的手段，如果身处类似的环境中，我们很可能有同样的想法。否认这一点的唯一办法是主张巴勒斯坦人本性就是暴力与邪恶的，这种主张的种族主义色彩和说闪米特人天生邪恶的神话一样，后者让许多犹太人被压迫了几百年。

之所以要假想另一种可能的历史，是想将丘吉尔描绘成一个不得已才采用自杀式炸弹袭击的人，从而了解为什么有人会走向这样的极端，而不是帮自杀式炸弹袭击者正名。有许多人认为英国人绝不会采取这种战术，但我不清楚这些人是基于什么事实做出这种判断的。毕竟，当时许多广受英勇赞誉的英国皇家空军飞行员冒着生命危险执行的任务与自杀式行动相差不多。而他们在德国城市德累斯顿投下的炸弹不仅引起恐慌，削弱了德军的实力，还将平民当成了袭击目标。许多轰炸任务的理由和丘吉尔的选择非常接近。

这些都不是说自杀式炸弹袭击是可以接受的，也不是指“二战”期间空袭德国的行动与自杀式炸弹袭击在道德上的意义完全一样，而是当我们面对战争或恐怖主义的对错问题，谴责其中一方而接受另一方的行为时，必须更努力地了解为什么有人要诉诸恐怖袭击，并且解释他们的理由为什么没有道理。并不能仅仅说自杀式炸弹袭击者是错的，我们必须解释为什么。

请看其他问题

17. 严刑逼供
18. 理性的要求
79. 发条橙
99. 给和平一个机会

36. 先发制人的正义

该死的自由主义者。总探长安德鲁斯在这座城市创造过不少奇迹：谋杀案减少了90%，抢劫案减少了80%，街头犯罪减少了85%，汽车窃盗案件减少了70%。现在他却站在被告席上，立过的功毁于一旦。

安德鲁斯在警界拥有权威在于，他是国内第一个采用经立法通过的新制度先发制人的执法者。因为计算机技术与人工智能的发展，人类得以预测在临近的未来谁会犯罪以及犯什么罪。人们将因各种原因接受监测：可能是随机监测项目，也可能是基于特定的怀疑来监测。如果发现未来的罪犯，这些人将被逮捕并预先进行惩罚。

安德鲁斯不认为这项计划有多么严苛，事实上，由于犯人被逮捕时还未犯罪，所以往往大幅减轻了刑罚。未来杀人犯将参加许多测试项目，以确保他们未来不会杀人。只有经过测试显示他们不会杀人，才会释放他们。通常监禁的时间不超过一年，要是让这些人在外面犯罪，他们很可能被判处无期徒刑，更重要的是有人会因此死去。

但仍有一些该死的自由主义者抗议，说不能因为某人未做的事而将其关起来。安德鲁斯做了个鬼脸，在想他能抓多少人来测试……

资料来源：影片《少数派报告》(2002)，史蒂文·斯皮尔伯格执导；菲利普·K·迪克创作的小说《少数派报告》，收录于《少数派报告：菲利普·K·迪克短篇故事集》，Gollancz出版社，2000。

说得不客气点儿，因为自己未犯的罪而坐牢看上去就像是不正义的象征。事实上，我们确实已经针对可能但尚未造成伤害的行为而惩罚某个人。比如，我们惩罚鲁莽的驾驶行为，即便没有人因此受伤。谋划杀人是犯罪，即使还没有发生谋杀案，也要接受惩罚。

所以，知道某人将要犯罪但还没犯罪而进行惩罚，会有什么错呢？我们可以思考用来惩罚的主要理由：改造、保护公众、替天行道和威慑。

如果有人即将犯罪，他们的性格就跟实际犯了罪的人一样需要改造。所以，如果基于改造犯人的理由而认为惩罚合理，这就是为预先惩罚找到了合理的理由。

如果有人即将犯罪，他们对大众造成的危险至少跟实际犯罪时相同。所以，如果是基于保护公众的理由而认为惩罚合理，这就为预先惩罚找到了合理的理由。

如果惩罚的目标是威慑，让人们意识到他们在犯罪前就会被惩罚，应该可以吓追人们产生犯罪的念头。

报复是惩罚理由中唯一与预先定罪不相符的理由，但就各种层面来看，它也是四种理由中最不具说服力的理由，可以说仅改造、威慑与保护三种理由就已足够。

这是否表示先发制人的执法是可行的？不一定。我们还未考虑采用这种制度可能造成的负面效果。创造出一个每个人的思想都被监控的社会，这可能会破坏我们的自由感，以及对政府的信任，这样的代价太高了。威慑的效果也可能引火烧身。如果人们害怕自己因为不由自主产生的念头而受惩罚，可能会因此认为自己无法控制自己的犯罪性。若是无法确定自己能守法，可能就会毫不在意地犯罪。

由于我们的场景是思想实验，所以可以直接规定这个系统能完美运作，但我们有理由怀疑这样的构想有可能变成现实。在根据菲利普 · K · 迪克的作品《少数派报告》改编的电影中，就发展出了类似的情况。电影最终传达的信息是，人类的自由意志到了最后一刻总能介入。或许人类不如电影想象的那样自由，但我们完全可以相信人类行为绝不可能被百分之百地准确预测出来。

请看其他问题

9. 反应预测

35. 最后的手段

64. 要避免流血，必须先流血

77. 替罪羔羊

37. 自然就是美？

达芙妮·斯通无法决定如何处理她最喜爱的展品。作为美术馆馆长，达芙妮一直相当珍爱亨利·摩尔死后才被发现的一件未命名的作品。她赞赏这件作品兼具审美的轮廓与几何的平衡，还捕捉了大自然的数学面与精神面。

至少到上个星期，达芙妮还是这么想的，后来被人揭露出这件作品并非出于摩尔之手。更糟的是，这件作品并非人类的双手雕塑的，而是靠风吹雨打形成的。摩尔本来打算买下这块石头继续加工，却发现自己无法超越自然。而这件作品被发现时，人人都认为这一定是摩尔雕刻的。

达芙妮被这个发现震惊了，随即从展览中撤走了这件“作品”。但达芬尼后来领悟到，事实的揭露并不会改变这块石头的本质，石头依然拥有达芙妮欣赏的所有特质。为什么要让她对石头的新认识改变她对这块石头的看法呢？

我们只有了解艺术家创作的目的，才能恰当地欣赏他们的作品，这种观念在20世纪50年代被韦姆萨特与比尔兹利批评为犯了“意图谬误”后逐渐过时。新的正统学说认为艺术作品一旦完成，就拥有了自己的生命，独立于作者之外。艺术家对作品的诠释并没有特殊的权威。

在数十年前，艺术家与其作品之间已经出现鸿沟。艺术家必须参加作品创作的观念在1917年遭遇了挑战，当时杜尚就展览过一个他签名的尿壶。“被发现的”物品或“现成的东西”就跟《蒙娜丽莎》一样具有艺术地位。

从这样的历史角度看来，摩尔并未亲手雕刻达芙妮的展品似乎并不重要。不过，就某方面来说，还是让人难以释怀的。艺术家和作品固然可以分开，但不能同时被去除。

想想《蒙娜丽莎》，我们对它的赞叹也许靠的不是对达·芬奇作画时想法的了解，但我们肯定知道这幅作品是人类创造的。即便是杜尚的小便器，虽然我们知道它并非艺术创作，但通过杜尚的挑选并摆放在艺术语境中，就构成了我们认为它是艺术的核心要素。在这两个例子中，我们可以发现人类媒介角色是很重要的。

因此，难怪摩尔是否雕刻过这块石头会有那么大的不同。这个事实并未改变达芙妮看到的，却改变了她看石头的角度。

这样能说明这块石头“非艺术”吗？当然，许多鉴赏形式在这里已经不适用：我们不能赞美创作者的技术，也不能讨论这件作品能否融入作者的其他作品与视野，以及这件作品如何回应并塑造了雕刻史，等等。但是，我们仍然可以欣赏它的外在特征，它的美、对称、色彩与平衡，以及它在我们原来的自然或感官体验上造成的影响。

或许，问题只在于艺术是多面的，而达芙妮的石头无法拥有艺术许多共通的特征。如果它拥有其中一些，而且是最重要也最珍贵的特征，那么它是不是人类的创作又有什么重要的呢？

如果我们接受这种看法，我们就比杜尚更进一步。首先，艺术是艺术家创造的；其次，杜尚认为只有艺术家认定是艺术的才叫艺术；最后，只要被视为艺术，任何东西都可以叫艺术。但是，如果艺术真的只存在于观赏者眼中，难道艺术的观念不会过于单薄以致毫无意义？当然我认为我的调味料架是艺术品并不会真的让它成为艺术品。如果艺术可以指所有的事物，难道我们不需要再对艺术与非艺术做一个更严谨的区分？

请看其他问题

12. 沙滩上的毕加索
48. 恶俗与艺术
66. 伪造专家
86. 艺术的价值

38. 我是大脑

莎莉·布劳姆接受永生这份礼物时，完全没想到会是这样。她知道自己的大脑将与身体分离，并且被放在缸里继续活下去；她也知道自己和外界的联系完全靠摄影机、麦克风和扩音器。但在当时，以这种方式永生似乎是个很好的主意，至少比靠第二具已经开始衰败的躯体活着好得多。

然而，回想起来，莎莉似乎太容易相信自己等同于自己的大脑。等她第一具身体无法继续使用时，外科医生们取出了她的大脑，放入另一具大脑已经死亡的身体中。莎莉在新身体中醒来，她毫不怀疑自己还是以前的莎莉·布劳姆。而且因为过去的她只剩下大脑，因此似乎可以肯定地说她就是她的大脑。

但仅剩下大脑的生命让莎莉感到非常无聊，她渴望拥有完整的肉体。尽管莎莉已成了这样，她还是有些怀疑，难道她真的可以说自己在本质上只是她的大脑吗？

资料来源：托马斯·内格尔，《本然的观点》第 3 章，牛津大学出版社，1986。

在许多有关人类意识谜团的讨论中，最容易被遗忘且最无可辩驳的一个事实就是思想必须靠健康、运转正常的大脑存在。这方面的证据毋庸置疑，吸毒、头部遭撞击以及让大脑退化的疾病都会影响我们的认知能力。如果大脑受到攻击，心灵无法保护自己。

反对这种说法的证据微不足道。坊间传说死人会传来信息，这听起来煞有介事，但迄今仍缺乏有力的证据证实这一点。

我们认为自己是有思想、有感情、有记忆的个体，也同意是大脑让这些机能成为可能的说法，但我们能说自己等同于自己的大脑吗？大脑去哪儿，我们就去哪儿？如果我的大脑成功移植到你的身体里，你的大脑移植到我的身体里，能说我在你的身体里活着，而你在我的身体里活着吗？

在得出有力的结论之前，我们必须谨慎。我们必须依赖大脑存在，但这和说我们等同于自己的大脑有着很大的区别。例如，以乐谱的情况来比较。乐谱只能存在于有形物体上：抄写乐谱的纸张、计算机档案乃至音乐家的脑袋。但如果说乐谱就等同于上述物体，那就错了。乐谱在本质上是一种密码，必须书写在某处才能持续存在。然而，密码就是密码，不可能说“某处”等于密码。

难道人类不是如此吗？构成个人人格的音符与音调就是思想、记忆与性格特征，这些结合起来决定了我们是谁。没有其他地方写乐谱，就是写在人脑中，但这并不表示我们就是我们的大脑。

如果是这样，就能解释莎莉新的存在形式为何会让她感到乏味。就像无法演奏的乐谱总是存在却无法成为现实，无法寄宿在人体中的心灵只是真实自我不断消退的影子而已。

身体已完全失去知觉，而仍有效运转的心灵被囚禁在无知觉的身体中，这种情况是可能的。这种情况当然存在于世上，他们不就是通过物理过程让大脑继续存活的活生生的例子吗？如果是这样，我们还能说我们仅仅是我们的大脑吗？

请看其他问题

2. 瞬间移动装置
30. 别人的回忆
46. 再生人
51. 活在桶里

39. 算命摊

纯开的算命摊是全北京人气最旺的算命摊，她之所以出名，并不是因为她算得准，而是因她又聋又哑。纯坚持坐在一块帘子后面，来算命的人要靠写字条递进帘子来跟她沟通。

纯把竞争对手的客人全都吸引了过来，另一个算命的人昕认为纯完全是装聋作哑在招揽生意，于是他决定揭穿纯的真面目。有一天，昕去了纯的摊子。

问过几个例行问题后，昕开始为难无法开口说话的纯，但纯没有表现出任何受到影响的迹象。她回答的速度与之前一样，写字也没有变化。最后，生气的昕扯下了帘子，把篱笆踹到一边。他发现坐在帘子后面的不是纯，而是一个他后来发现名叫约翰的男人。约翰正坐在计算机前，把昕刚才递进来的纸条上的最后一句输入计算机。昕对着约翰大吼，要他解释自己是谁。

“别烦我，哥们儿！”约翰用英语回答，“你说的我都听不懂。不要说中文，懂吗？”

资料来源：约翰·塞尔，《心、脑与科学》第2章，英国广播公司出版社，1984。

光顾纯/约翰算命摊的人可能信也可能不信里面那个可以预测未来的人真的又聋又哑或者真的是一个女人，但大家都相信不管是谁在里面，至少那个人懂中文。中文字条递进去，有意义的答案传出来，这足够证明在里面写字条的人能看懂外面的人写的字条。

这样想主要是因为20世纪50年代兴起的功能心理学的心理理论。按照这个理论，拥有心灵和拥有某种生物器官（比如大脑）无关，而与能执行心理功能有关，如了解、判断与沟通这些功能。

但约翰与纯的故事严重地削弱了这种说法的合理性。功能论关注的不是一般的意识或心灵，而是心灵的特定功能，即明白一种语言。纯的算命摊的功能就好像里面有个懂中文的人。

因此，根据功能论者的说法，我们应该说纯的算命摊在持续地理解中文，但昕发现事实上纯的算命摊完全不懂中文。结论似乎显示功能论是错的，即只能执行心灵的功能不足以称为拥有心灵。

有人可能会反对这种说法，他们认为，虽然约翰不懂中文，但是他的计算机懂。然而，我们可以想象，在没有计算机的状况下，约翰必须依靠复杂的指示手册工作，但因为有长期经验，他可以快速地使用这本手册。这本手册告诉约翰，看到什么样的字条进来就写什么样的答案出去。虽然在整个过程中算命的显然不懂中文，但帘子外的人看到的结果是一样的。而且，可以说，由于计算机只是根据规则来处理符号，所以计算机就像约翰和他的手册一样，也完全不懂中文。

如果将范围缩小到计算机，无法证明计算机懂中文，那么似乎把范围扩大到整个算命摊，包括约翰与计算机整体来说了解中文也是徒劳。这种说法听起来疯狂，但实际上说得通。毕竟，我懂英文，但我不确定我的神经细胞、舌头或耳朵也懂英文。在算命摊，约翰与计算机构成的整体不像人体那样紧密地整合在一起，认为约翰、计算机和摊子结合起来，就能得到理解能力似乎缺乏说服力。

不过，这留给了我们一个问题。像心灵那样运作不足以称为拥有心灵，那要拥有什么才算？我们如何知道其他人或计算机是否拥有心灵呢？

请看其他问题

3. 印度人与冰
19. 幻想破灭
68. 疼痛错乱
93. 行尸走肉

40. 木马赢家

保罗知道哪匹马可以在德比赛马会上胜出。至少他觉得自己肯定知道，过去，每次只要他感觉肯定，往往都不会错。

保罗的信心并非基于对马的研究，而他也无法预见未来。只是，每当保罗庞大的身躯在窄小的木马上前后摇晃时，他的脑海中就会蹦出冠军马的名字。

保罗并不是每次都会赢（了解他预测秘密帮他下注的人也是一样），有时他不是很确定，有时甚至完全不知道，只能猜。在那些情况下，保罗从来都不会下大赌注；当他非常确定，他就会把所有的钱都押下去。这种方法屡试不爽。

奥斯卡是保罗的合作伙伴之一，他深信保罗拥有不可思议的能力，但是奥斯卡也无法肯定保罗是否真的知道谁是冠军，保罗到目前为止赢的次数还不够。除非保罗了解自己为什么能预知比赛结果，他所相信的基础才能稳固，变得可靠。但现在的情况并没有阻止奥斯卡拿着自己的钱跟着保罗下注。

资料来源：D · H · 劳伦斯，《木马赢家》，1926；迈克尔 · 普劳德弗特讲演。

相对于单纯的信仰，知识到底是什么？这二者一定有不同之处。比如，我们可以想象有个完全不懂地理的人捡到一张卡片，上面列出了一些重要的国家与首都：英国—爱丁堡，法国——里尔，西班牙——巴塞罗那，意大利——罗马。这个人接受卡片上的说法，相信这些城市确实就是各个国家的首都。结果只有罗马是对的。虽然他相信罗马是意大利的首都，而这一点也是对的，但我们能说他的确知道这件事吗？他所相信的东西的基础太不可靠，无法被当成知识，只是他运气好，信息来源恰好正确。然而，仅凭运气猜中意大利的首都，不可能让他所相信的变成真实的知识。

这就是为什么哲学家们经常坚持：要将信仰转变成知识，就必须以恰当的方式证明信仰的真实性。但什么证明方式有用呢？就保罗而言，他主张的知识是以简单的事实为基础：信仰来源的可靠性。每次他确信自己知道冠军马的名字，他就总能猜对。

问题在于保罗不知道这种确定感来自何处。要找出一条通往知识的可靠路径，只能从他最新得到的结果去想，而他的成果靠的却是一个极不可靠的机制。比如，也许是操纵比赛的人无意中把冠军马的名字泄露给了保罗。不过，他的目的是有一天故意说出错误的名字，看到保罗把赌金都投在错的马上。如果这解释了保罗的信仰，那么就不能说他知道冠军马是哪匹。就像那张列着首都名字的卡片不可靠一样，卡片仍然不能算作知识。就算有时候是对的，操纵比赛的人的不可靠性意味着泄露出来的消息并不能被当成知识的来源，就算到目前为止都还没押错过，也不能当作知识。

但如果保罗的信仰来源的确出自某种神秘的东西呢？如果这个来源不是来自操纵比赛的人（我们知道这种人不可靠），而是来自我们无法解释的事物呢？那么我们只能用过去的经验判断这些来源是否可靠，这可能让我们在未来犯错误。但是，世上哪有获得知识又绝对保险的路，让我们不用怀疑未来信息的可靠性？

请看其他问题

3. 印度人与冰
9. 反应预测
63. 不明不觉
76. 联网的大脑

41. 就是没有蓝色

想象你一辈子都住在一处由公寓、商店和办公室构成的复合式大楼里，没有通往户外的路，这正是巨型空间站“穆迪”号与“沃特斯”号上居民生活的最佳写照。

空间站的建造者为了测试我们学习时对经验的依赖程度，引入了一些有趣的设计。在“穆迪”号上，没有任何东西是天蓝色的；在“沃特斯”号上，没有东西是蓝色的。连空间站上的居民也经过挑选，都不带有会产生蓝眼珠的隐性基因。为了避免看到任何蓝色的东西（例如静脉），空间站内的照明也设计成让蓝色无法反光的系统，因此静脉看起来是黑的。

出生在空间站的人到了18岁，他们将接受测试。“穆迪”号的人观看充满蓝色色调的饼状图，当中唯独缺了天蓝色。测试的目的是问他们能否想象缺少的那个色调看起来像什么。然后再让他们看天蓝色的样本，问他们这是不是他们想象的颜色。

“沃特斯”号的人则被问到他们能否想象出之前从未见过的

颜色，再问他们能否想象出什么颜色加上黄色会产生绿色。同样，在这之后也让他们看样本，问他们想到的是不是这种颜色。结果将相当有趣。

资料来源：大卫·休谟，《人类理解论》第二卷，1748。

经验对于学习有多重要？这个问题贯穿了整个观念史。在古希腊时期，柏拉图认为我们学习的每个事物都是我们已经知道的事物。到了现代，诺姆·乔姆斯基及其追随者相信学习语言必备的语法是内在固有而非学到的。另外，17世纪的约翰·洛克认为人类出生时心灵是一块“白板”，300年后的行为主义者B·F·斯金纳则继续发展了这个观念。

显然至少就某种意义来看，我们的确能拥有超越自身经验的观念。如果达·芬奇只是以他体验过的事物构想，就不可能想出直升机。但是，在这类事例中，所谓的新事物其实来自于已知事物的结合。新事物的产生取决于如何整合旧元素，显然很少有人能在想象时完全超越我们的经验。

比如，我们拥有五感，其他星球的生物是否会有不同的、我们完全无法想象的感官？其他生物能不能看到人类可见光谱以外的、我们再怎么努力尝试也看不到的颜色？

“穆迪”号与“沃特斯”号的实验或许有助于回答这些问题。大多数人都同意苏格兰哲学家大卫·休谟的看法，认为“穆迪”号的人能想象出缺少的那块蓝色色调。休谟认为这是所有知识都需依赖经验这条法则的一个例外。即使是这样，我们也可以说，这是人类能整合经验想出新观念的另一个例子，就像想象出来的怪兽是真实野兽特点的虚构组合。

但是，对“沃特斯”号上想象蓝色的人来说，似乎就不太可能了，因为他们从未看过蓝这个色调。回想一下，小时候，我们看到绿色是由黄色加上蓝色组合出来的颜色多么惊讶。认为只凭想象就知道什么颜色加上黄色就会变成绿色似乎说不通。若要打赌测试结果，你可能会说自己更愿意将赌注押在经验对学习有着重要影响的那边。

就算出生在“沃特斯”号上的人可以想象蓝色，依然留给了我们一个没有回答的问题：他们之所以能这样做是因为身为人类，他们生来就具有某种内在的、对蓝色的敏感，还是他们能想象任何颜色？由于我们只能想象可见光谱中的颜色，前一种答案肯定是正确的。这似乎指出我们的人性对可想象与可感知为经验的范围设下了许多限制。

请看其他问题

13. 专门研究红色的色盲
59. 我们看到的不一样
73. 变成蝙蝠
90. 水果的本质

42. 拿了钱就跑

“马克大师现在展示他超凡的预知能力！你，先生，请问如何称呼？”

“弗兰克。”弗兰克回答表演者。

“弗兰克，我知道你的未来，我知道未来所有的事，包括股票走势！这就是为什么我在展示能力时才有钱给你！看着，这里有两个箱子，其中一个箱子是打开的，里面有1 000英镑；另一个箱子是关上的，里面要么装了100万英镑，要么什么也没有。你可以只拿走其中一个箱子或者两个都拿走。但是请注意！我知道你会怎么选。如果你只拿走关上的箱子，里面会放100万英镑；如果你拿走两个箱子，箱子里将会空空如也。如果我错了，我会把100万英镑给现场随机挑选出来的观众。”

马克打开了装满面额为50英镑钞票的手提箱，在场的人深吸一口气。

“女士们，先生们。我展示这个奇迹已经上百次了，从来没有失误，未被收买的观众们可以作证。你们看到这个关上的箱子，它现在离我有3米，大家都能看到我不可能隔那么远还能在箱子里的东西上动手脚。所以，弗兰克，你要怎么选？”

资料来源：纽康悖论，由威廉·纽康提出，罗伯特·诺齐克的《纽康问题与选择的两大原则》让许多人了解了这一悖论。这篇文章收录于《纪念卡尔·G·亨佩尔文集》，尼古拉斯·雷切尔编，Humanities出版社，1970。

弗兰克应该怎么选择？让我们想象弗兰克不只是知道马克说自己总是预测正确，也许他一开始在人群里是因为曾经从可靠的来源（包括马克曾提过的未被收买的观众）听说了马克的成就。这样来看，弗兰克似乎必然会选择关上的箱子，那样就能得到100万英镑，而不是只有1 000英镑。

但是等等，弗兰克往关上的箱子走去时，脑子里闪现一个念头：这个箱子里装着100万英镑还是什么也没有，他所做的不能改变事实。所以如果箱子里真有100万英镑，就算他连打开的箱子一起拿走，钱应该也不会消失。同样，如果关上的箱子是空的，就算他不拿走打开的箱子，关上的箱子里也不会神奇地出现100万英镑。弗兰克的选择无法改变关上的箱子里的状况，所以不论他拿不拿走打开的箱子，紧闭的箱子里的钱数都是一样的。因此，弗兰克打算同时拿走两个箱子，反正最后他拿的钱只会多不会少。

这时我们就有了悖论，这是物理学家威廉 · 纽康最先设计的，又称纽康悖论。两个论证方式似乎都没有问题，却得出了互相矛盾的结论。其中一个认为弗兰克应该只拿关上的箱子，另一个则认为他应该拿走两个箱子。因此如果不是这两个论证其中一个有瑕疵，就是问题本身存在某种使其无解的不一致或矛盾。

矛盾会是什么？造成问题的唯一原因是我们假定马克有能力以百分之百的准确度预测未来。如果我们让这个假设变得不成立，悖论是否就不会出现？当人类的自由意志与自由选择介入时，也许就不可能准确地预测未来？

这是个让人放心的想法，但是不一定是个明智的想法。如果马克能预测未来，他一定也能预测人类意志会如何论证。也许我们的问题在于我们无法将这项要素加入分析中。马克要让关上的箱子空着还是装钱取决于他如何预测选择者如何论证。如果马克预测弗兰克认定拿走两个箱子且毫无损失，将会让关上的箱子空着；如果马尔科判断弗兰克不会拿走打开的箱子，就会在关上的箱子里放入 100 万英镑。换句话说，如果可以预测未来，人类的自由意志将无法改变未来，因为不管我们如何选择都会是预测的一部分。我们也许自由，但是我们前面的未来可能只有一个，一个原则上可以预测的未来。

请看其他问题

6. 幸运轮盘
16. 赛跑的乌龟
25. 优柔寡断的布里丹
70. 突击检查

43. 未来冲击

“德鲁！我大学毕业后就没见过你，最后一次见面是20年前了吧！天哪，德鲁，你拿枪要干什么？”

“我来杀你，”德鲁说，“你之前要求的。”

“你在胡说什么？”

“你不记得了吗？你跟我说过好多次：‘要是我投票支持共和党，就开枪杀我。’我最近得知你现在已经成了共和党参议员。所以你懂的，你的死期到了。”

“德鲁，你疯了！那已经是20年前的事了，我当时还年轻，是个理想主义者。你不能要求我信守承诺！”

“那绝对不是随口说说的，参议员。事实上，我这里有一张纸，上面有你和其他见证人的签名，这张纸要我依照指示行事。在你告诉我不要当真之前，让我提醒你一件事，你最近曾投票支持《生前遗嘱法案》；事实上，你已经拿到你自己那张了。现在你告诉我：如果自己变成痴呆或成为植物人，你希望人们执行你的愿望把你杀了，那么为什么我不该执行你过去的愿望，也就是在你成为共和党人后杀了你？”

“我已经想到要怎么回答了！”满身大汗的参议员大叫，“只要再给我几分钟！”

德鲁抬起手枪瞄准了他：“你最好快一点儿。”

参议员其实有个好答案可以回答德鲁，但是在讲答案之前，我们应该先问一个更基本的问题：我们有权代表未来的自己做出具有法律拘束力的决定吗？答案很清楚，既然我们理所当然地能为现在的自己做决定，就没有理由不为将来的自己做决定。事实上，我们一直在做这类决定，我们签下为期25年的房贷按揭、退休金计划、婚礼誓言，或是签下为期两年的工作契约，都属于这样的决定。

虽然我们有信守承诺的责任，但是如果情况改变，我们依然有权改变主意。比如，许多人说“如果我……就把我杀了”，特别是年轻人最喜欢说这样的话。虽然这些通常只是夸张的修辞，但是说这种话时往往相当认真，说的人通常已经成年，能为自己的未来做决定，但是要求这些人信守此类承诺实在很荒唐。

因为某人未能信守20年前不支持共和党的承诺而对其进行惩罚，先不说杀不杀他，如果说此惩罚是荒谬的，那么合理地期待他们会信守婚姻的承诺是否也是荒谬的？两者之间其实存在很大的区别。婚姻就像房贷按揭契约，涉及对第三方的责任与承诺。如果我们反悔，将会有人受害。但如果我们改变自己对政治与宗教的态度，整体上，我们并不会破坏与他人的约定。

不过，我们确实认为改变想法是合理的，会让我们看到长期约定不应该那么绝对。因为人是会变的，这是个赤裸裸的事实，而在现实世界中，现在的我们与很多年前的我们不一样。所以，当我们代表未来的自己做出承诺时，在某种程度上，我们是替某个不同于现在的自己做承诺，这意味着我们的承诺不该在道德上被视为有约束力。

这对生前遗嘱有什么影响？关键差异在于生前遗嘱是为将来无法选择的自己预先安排后事。在这种情况下，最有资格做决定的人是过去的自己，而不是现在的自己。这是参议员应该给出的答案，但这样回答能不能说服德鲁不开枪则是另一回事了。

请看其他问题

27. 信守承诺
44. 不至死亡，永不分离
88. 完全失忆
97. 道德运气

44. 不至死亡，永不分离

哈利与苏菲严肃考虑着他们交换戒指时牧师会说的话：“这两个人现在结合在这只永不破裂的戒指上。”这意味着他们要将双方共同的利益摆在首位，个人的利益退居第二。如果他们能做到这一点，两人的婚姻生活将越来越美满。

但是哈利曾经历自己的父母离异，也见过太多的朋友和亲戚在婚后遭受了背叛与欺骗，因此他并没有毫不怀疑地接受这段话。哈利脑子里善于算计的那部分开动起来，他想如果他把自己摆在第二位，而苏菲把自己摆第一位，那么苏菲将在这段婚姻中得到更多，而他却没有。换句话说，如果他太过浪漫而没有保护自己的利益，那就有被压榨的风险。

苏菲也有类似的担心，他们俩甚至讨论过这个问题，并且答应对方在婚姻中都不会站在利己的角度。但他们并不确定对方是不是真的会信守诺言，所以对他们来说，最保险的做法就是偷偷为自己谋利，这让他们的婚姻不可避免地不如起初那样美好。这是他们唯一能采取的合理做法吗？

听起来有些不对劲。这两个人都在理性地计算自己的最佳利益。如果他们齐心，都一定能获得最佳结果；如果有人不这么做，那么这个人将得到所有的好处，另一人将损失利益。而哈利与苏菲都不想出现这样的结果，两人都不愿按大家都获益的方式相处，最后他们获得的利益比合作产生的利益少。

这个问题被称为"囚徒的困境"，源自两个囚犯如何辩护的著名例子。当双方需要合作以获得最佳结果，却无法确定对方是否会合作时，就会出现囚徒困境问题。在这个典型的例子中，囚犯被关在不同的牢房，无法沟通。同样的问题也会出现在枕边人身上，有人悄悄背叛自己的伴侣，往往长达数年都未被发现。

这种困境显示出理性追求自利的局限性。如果我们都追求自己的最佳利益，最后得到的将少于合作得到的。若要有效地合作，即便动机是为了自己的利益，我们也必须彼此信任，但是在理性论证中找不到信任。

这就是为什么哈利与苏菲的困境会如此让人伤感，他们彼此信任的能力完全被他们过去的背叛与离婚的经验腐蚀。缺乏信任的婚姻关系不可能令人满意，甚至可能是失败的。然而，谁能怪他们多疑？难道他们不理性吗？毕竟，他们的做法都是在公平地对现代婚姻现象评估之后所做的选择。

如果说这则故事有寓意，或许寓意就是只有信任才能在生活中得到更多，尽管这么做有一定的非理性风险，但没有别的选择。如果彼此信任，我们的确会自己暴露在被利用的风险中，但如果我们不相信彼此，就将自己与生活中最好的可能隔绝。哈利与苏菲理性而安全的策略让他们免于遭遇婚姻中最坏的一面，却也因此与最好的部分分离。

请看其他问题
7. 无言胜利
14. 对你有利的银行错误
60. 照我说的做，而不是跟着我做
82. 占便宜

45. 隐形的园丁

斯坦利和利文斯通两个星期以来一直躲在临时隐蔽处，安全地观察美丽如画的林间地。

“一个也没见到，”斯坦利说，“而且那块地一直没有变化。现在你该承认自己错了，根本没有园丁来整理这块地。”

“亲爱的斯坦利，”利文斯通回答，“你忘了吗，我说的是隐形的园丁。”

“但是这名园丁甚至连一点儿声响也没有，连一片树叶也没动过。所以我认为根本没有园丁。”

“我这个隐形的园丁，”利文斯通接着说，“除了完全不会弄出声音之外，还摸不着。”

斯坦利生气地说：“胡扯！一个不出声、看不见、摸不着的园丁跟没有园丁有什么区别？”

“这个容易回答，”利文斯通心平气和地说，“一个是有人照料的花园，一个是没人照料的花园。”

“利文斯通博士，”斯坦利叹道，“我想，你应该不会反对我现在赶紧送这名园丁到无声无味、看不见又摸不着的天堂去吧！”从斯坦利充满杀气的眼神中，利文斯通能看出他绝对不是在开玩笑。

资料来源：《神学及证伪》，安东尼·弗卢，选自《哲学神学新论文集》，A·弗卢与A·麦金赛尔编，SCM出版社，1955。

这则寓言的力量靠的是读者的假设，跟斯坦利一样，利文斯通是个非理性的蠢人。在没有任何证据支持下，利文斯通仍然坚持自己的意见。更糟的是，为了维持对园丁存在的信念，他甚至认为园丁这个神秘的人毫无存在感，以至于能消融于稀薄空气中。在你移除了园丁身上所有可见与可触摸的东西之后，园丁还剩下什么？可以确定的是，斯坦利无法证明这样一个善于园艺的鬼魂不存在，但是他当然能继续问：相信这个虚无缥缈的东西有什么好处？

有人说信仰上帝也是如此。正如利文斯通从林间地的美丽看到了园丁的手，许多教徒也从自然之美中看到了上帝之手。也许，乍看之下，假设这个令人惊叹的复杂世界中存在一个全能又慈爱的造物主是合理的，但跟斯坦利与利文斯通相同的是，我们拥有的不只是第一印象，我们持续的观察似乎逐一剥去了让上帝存在的特质。

首先，世界是根据物理定律运转的。就算没有上帝，也会下雨，也会日升日落。但利文斯通式信仰者认为，是上帝点燃了火焰，让宇宙运转起来。

然而，我们注意到自然远没有温柔和仁慈，世上充满了恐怖的折磨和赤裸裸的邪恶。善良的上帝现在在哪儿？啊，信徒们认为上帝已尽可能创造了一个美好的世界，但人类的罪恶把它搞砸了。

但即使是无辜的苦难或人们高喊求助，上帝也沉默不回应。啊，信徒们对此的解释是当他们的上帝逐渐退居于阴影之中时，从受难中得到的善不是在此生，而是在来生。

最后，我们还剩下什么？一个未曾留下任何踪迹、任何声音，也未曾干预任何宇宙进程的上帝。不时在各个地方听闻神迹，但最虔诚的信徒并不信神迹。如果连神迹都不提，上帝等于不存在。我们未曾在自然中看到上帝的指甲，更不用说他的手了。

这样的上帝与没有上帝有什么区别？坚持认为主张上帝存在难道不是跟坚持有园丁照料利文斯通与斯坦利发现的林间地一样愚蠢吗？如果上帝不仅是一个词或者一个希望，难道我们不需要一些证明上帝曾在这个世界活动过的迹象吗？

请看其他问题

3. 印度人与冰
24. 方形的圆
61. 马苏里拉芝士做的月亮
78. 下赌注

46. 再生人

媒体给他起了个绰号叫“虫人”，但是他的朋友知道他本名叫德瑞克。科学家们修改了他的基因，模拟花园里常见的虫类或菜虫最令人惊奇的一项特征：身体组织再生的能力。实验成功了。科学家砍掉德瑞克的手来测试效果，结果发现新手在一个月内就长了出来。

但之后出现了问题。德瑞克的身体开始慢慢衰竭，为了挽救他的生命，科学家们必须把德瑞克的大脑移植到新的身体上，然而手术中的一个严重错误将德瑞克的大脑切成了两半。

还好，两个半脑都各自再生成了完整的脑，而且都成功地移植到了新的身体上。唯一的问题是现在两个人都拥有德瑞克的脑，都认为自己是德瑞克，而且两人也都拥有德瑞克的记忆、心灵力与人格。这在德瑞克的女友那产生了问题，因为她无法区分两个德瑞克，而德瑞克也因此陷入了法律纠纷，因为两个人都主张自己拥有德瑞克的财产。哪一个才是真正的德瑞克？不可能两人都是吧？

资料来源：德瑞克·帕菲特，《理与人》第89节，牛津大学出版社，1984。

如同一名好侦探，在我们开始试着描述发生了什么之前，应该先搞清楚事实。之前只有一个德瑞克，现在有两个。鉴于他们的大脑都是从原来的半个大脑长出来的，我们分别叫他们右德瑞克与左德瑞克。到底哪一个才是德瑞克？

他们都不是德瑞克，因为在大脑分成两半后，他们已经是两个人，而不是一个人。举例来说，如果右德瑞克死了而左德瑞克还活着，德瑞克究竟是死了还是活着？一个人不可能既死又活，德瑞克不可能同时是右德瑞克和左德瑞克。

或许右德瑞克与左德瑞克都不是德瑞克，但是这个答案似乎有点儿奇怪。比如，如果左半脑在手术中被毁掉，只有右半脑完整再生，我们可以肯定地说右德瑞克是德瑞克，然而如果左半脑也再生了，那么右德瑞克突然又不是德瑞克，虽然他在两种情况下是完全一样的。某个外部事件的变化如何影响右德瑞克不再是德瑞克？

唯一的可能性只剩下：左右德瑞克中有一人是德瑞克，或者两个都不是。然而，既然两人都主张自己的身份，我们为什么要选择其中一个是德瑞克，而另一个不是呢？不能随便定身份的归属，所以三个可能性（两个都是德瑞克，其中之一是或两者都不是）似乎都是错的。不过有一点肯定是对的：我们没有其他选择。

如果这个问题所有可能的答案都不合适，或许是我们问错了问题。这就像要人回答：“你什么时候才能停止打老婆？”但实际上此人从来就没有打过。

在虫人的例子中，问题在于我们提出的身份问题与同一性随着时间的变迁有一种一对一的关系，当问题中的情况出现一对多的关系时，同一性的逻辑在这里就无用武之地了，我们应该讨论的是连续或持续的问题。因此，右德瑞克和左德瑞克都是德瑞克的延续者，我们不应该问哪一个是德瑞克。

所以，也许我们应该提出的问题是在经历磨难之后，德瑞克是否真的活了下来。如果是肯定的，德瑞克似乎活了下来，但失去了个人的身份。当然，一般人的自我不像德瑞克那样被分开。然而，他的故事还是具有教育意义的。它告诉我们，人的存活与否最重要的并非身份在时间变迁中被保存下来，而是现在的我与未来的我具有正确的连续性。接下来的问题是，我们想看到什么连续下去，是我们的身体、我们的大脑、我们的内在生命，还是我们的灵魂？

请看其他问题

2. 瞬间移动装置
11. “忒修斯”号
30. 别人的回忆
38. 我是大脑

47. 兔子!

拉宾教授准备为过去从未发现的语言编词典，他们兴奋地憧憬着这项工作。拉宾最近才发现勒波里达失落的部落，现在开始记录他们的语言中不同词语的意义。

第一个要定义的词是“gavagai”。每次看到兔子，拉宾和助手就会听到这个词，因此，拉宾打算把它定义为兔子。不过他的助手反对。就他们所知，gavagai难道没有别的意思吗？比如“未分离的兔子身体”或“看！是兔子”。或许勒波里达人认为动物存在于四度空间中，超越时间与空间，而gavagai只是用来指称人们在观察的那一刻看到的兔子身体？又或者gavagai只是被看到的兔子，而未被看到的兔子有别的叫法？

这些可能性似乎是异想天开，但是拉宾不得不承认这些都与他们目前观察所得相符。但如何才能知道哪一种猜测是正确的？他们可以进行更多的观察，但是为了排除其他所有可能，他们必须或多或少地了解部落的每件事物，居民如何生活以及居民如何使用其他词。但这样的话，这部词典的编撰岂不是遥遥无期?

资料来源：W·V·O·蒯因，《语词和对象》，麻省理工学院出版社，1960。

凡是能说一种以上语言的人，都会意识到某些词无法轻松地被翻译成其他语言。例如，西班牙人提到城市或宴会的marcha，这与爱尔兰语中的craic类似，但并不完全一样，这两个词都很难准确地翻译成英语。最接近的对应说法可能是“嘈杂声”或“觉得愉快”，但是，要了解marcha或craic的意义，就必须深入学习西班牙语或爱尔兰语，从这些语言的文化中理解。

同样地，英语中的动词be在西班牙语中找不到对应的翻译。而西班牙语中有ser与estar，分别表示英语中动词be在不同情况下的变化，英语词汇则反映不出这一点。知道西班牙语的esposas是英语中“妻子”的意思还不算完全了解这个单词，还必须知道esposas也指“手铐”，这样才能意识到传统西班牙人的男子气概。

gavagai的故事让我们看到的是所有的词，如craic、marcha、ser与esposas，它们的含义都与文化实践及该语言中的其他词汇紧密地联系在一起。无论何时，我们将一个单词翻译成其他语言，就失去了这些重要的语境。不过，大部分情况下我们都能避免这类问题：对我们来说，含义的类似性使我们能运用词汇，并且在说话者所在的社群中发挥其功能。因此，如果拉宾认为gavagai指兔子，他的说法可能没错，但是这两者在意义上存在细微差异。要想了解gavagai的真正意义，拉宾必须把重点放在这个词所属的语言与社群中，而不是他的母语英语的概念与实际应用上。

为什么这件事重要？我们倾向于将词汇当作概念或物品的标签，这种做法能让母语不同的人谈论同一件事，拥有相同的想法，就算使用不同的词语也能做到。在这种模式中，词语与意义以及词语与词语指称的事物之间都有一一对应的关系。

不过，如果我们严肃地看待gavagai的故事，就需要大幅度地改变这一情况。词语与事物及观念并不是一对一的关系，相反，词语与词语之间以及词语与说话者的应用之间是彼此关联的。意义是整体的，你永远不能孤立地理解一个单独的词语。

如果我们接受这种看法，所有奇怪的结果都会跟着出现。例如，陈述是否为真是什么意思？我们倾向于认为，如果有只兔子在垫子上，那么“兔子坐在垫子上”这个陈述便为真。真实就是句子与事实之间的对应。但是，如果句子的意义取决于句子所属的语言及文化，句子与事实的关系就不简单了，这种关系变成了事实、句子、外在语言与文化构成的复杂关系网。

这是否意味着真理与语言、文化之间存在相对性？这样下结论过于草率，但是从意义整体的角度出发，这个结论很可能会慢慢地凸显。

请看其他问题

19. 幻想破灭
23. 盒子中的“甲虫”
74. 到处都是水
85. 不存在的人

48. 恶俗与艺术

批评者都同意,《De Puta Madre》这部电影的艺术性令人惊叹，演员演技一流，对话明快，节奏完美，配乐旋律极为动人，完美地烘托了电影。但批评者认为，这部电影在道德上令人厌恶，它呈现的世界观是西班牙种族优越的世界观，将苛刻对待老人视为必要的世界观，也是认定无子女的妇女应该被强奸的世界观。

在这个问题上，人们评价不一。对一些人来说，这部电影低俗的道德观破坏了自身本来很高的艺术地位；对另一些人来说，媒介与信息应该被区别开。这既是一部伟大的电影艺术作品，也是道德上的耻辱。我们可以因为前者赞美它，也可以因为后者厌恶它。

这场讨论并非只是一场理论上的论战，因为电影传达的信息让人极度厌恶，很可能因此被禁，除非它能证明它的艺术成就高到足以不需要被审查。导演警告说禁播对自由艺术表达来说将是一场灾难。他说的对吗?

这场想象中的争议在现实生活中有很多例子，其中最著名的也许要算莱妮·里芬斯塔尔的《意志的胜利》（一部关于纳粹纽伦堡大集会的纪录片）和《奥林匹亚》（一部1936年拍摄的慕尼黑奥运纪录片，片中强化了对亚利安人种族优越性神话的宣传）。迄今人们仍强烈否定这两部片子有任何可取之处。对某些人来说，里芬斯塔尔是一位杰出的电影制片人，她将才华服务于邪恶。对其他人来说，她的电影具有艺术性，但是在道德上是失败的。

奥斯卡·王尔德在这场大辩论中表达了自己极端的立场。他写道："无所谓道德不道德的书，只有写得好与写得不好的书。"王尔德认为艺术独立于道德之外，因此，将伦理标准套在艺术里就是个错误。

大部分人没有这么极端。然而，许多人还是认为可以将美学与伦理判断区分开，只就美学而非伦理观点来欣赏作品。

然而，即使大家都同意这一点，也无法终止辩论。主张伦理与美学应该分开是一回事，说因此我们可以将道德判断放在一边又是另一回事。认为《De Puta Madre》在艺术上极有成就却在道德上非常糟糕，认为道德要求应凌驾于艺术要求之上，这两种看法其实是一致的。在这种情况下，我们虽然承认某部电影极具艺术性，但可能还是要禁播。

相对于王尔德的立场，另一个极端是认为艺术与道德必须紧密结合的观点。济慈写道："美即是真，真即是美。"如果是这样，任何扭曲现实的绘画作品都会是美学与创意的失败。认为某个艺术作品道德低劣却又极具艺术性，完全是矛盾的。至于那些欣赏《De Puta Madre》的人，就更是大错特错。

显然，明智的人都会强烈反对基本教义派的极端路线，但是这些人容易因绝望而遁入"什么都可以"的相对主义中。然而在这个例子中，这一选择也无济于事。反对禁播《De Puta Madre》那些人不可能认为支持禁播的人的意见跟他一样正确，因为这么做等于要求自己承认不合理的做法（也就是禁播这部电影）最后还是合理的。同理，认为反对禁播具有合理性的人，一定也会反对审查制度。

如果两边都有一定的道理，这种道理一定有共同的基础。不过，要找到这个共同点并非易事。

请看其他问题

12. 沙滩上的毕加索
37. 自然就是美?
66. 伪造专家
86. 艺术的价值

49. 这不是牛津大学

芭芭拉和沃利在牛津车站跳上一辆出租车。“我们赶时间。”芭芭拉说，“我们刚刚参观过伦敦，下午要去埃文河畔的斯特拉特福。麻烦你载我们去看牛津大学，再送我们回车站吧。”

出租车司机窃喜，他按下计价器，想着将会赚到一大笔车费。

司机载着他们绕城，向他们展示阿什莫林博物馆、皮特河博物馆、植物园以及自然史与科学史博物馆。除了著名的牛津大学图书馆外，司机也带他们看了不太出名的拉德克里夫、萨克勒和泰勒等图书馆。他不仅带着两个人看了牛津大学全部 39 所学院，还看了 7 所常设私人学院。当司机最后把车停在车站时，计价器上显示的车费是 64.3 英镑。

“先生，你是个骗子！”沃利抗议说，“你带我们看了学院、图书馆和博物馆，但是，该死的，我们只是想看牛津大学！”

“可是，牛津大学就是这些学院、图书馆与博物馆！”司机愤愤不平地回答道。

“你以为我们会上这个当吗？”芭芭拉说，“我们是美国游客，但我们不是笨蛋！”

资料来源：吉尔伯特·赖尔，《心的概念》第1章，Hutchinson出版社，1949。

美国游客在英国向来有着吵闹、粗鲁和愚蠢的名声，这其实有点儿不公平，毕竟有多少英国人愿意自己在西班牙阳光海岸的度假行为遭受批评呢？

这段文字不是要攻击美国人，而是提供一则谬误思考的典型例子，说明即使是最聪明的脑子也会有出错的时候。芭芭拉和沃利犯了牛津哲学家赖尔所说的范畴错误，他们把牛津大学想成类似学院楼、图书馆与博物馆，也就是某个特定建筑物，但牛津大学不是这样，你不能指着一个地方或一幢建筑就说“那是牛津大学”。就像出租车司机说的，牛津大学是一个机构，所有这些组成部分全归属于这个机构。

但是，这不表示牛津大学是一个精神性的存在，神秘地结合了所有的学院、图书馆或其他建筑物，这样想又犯了另一个范畴错误。牛津大学并非单个物质或非物质的事物，我们不能被语言误导，因为它是单数名词就认为它就是单数物体。

赖尔认为，最常思考心灵的方式犯了类似的范畴错误。我们有单数名词“心灵”，所以倾向于认定单数名词一定指某个单数事物。如果我们这样思考，就会走入两种荒谬中的一个。要么我们认定心灵就是大脑，这是荒谬的，因为大脑拥有质量与体积，思想却两者都没有。我们也可能认定心灵一定是某种非物质的实体，就像鬼魂居住在身体这部生物机器中。

一旦明白心灵并不是单个物体，就能避免犯下这两种不合理的错误。说某个事物拥有心灵，就是指它具有需求、欲望、理解与思考等能力。由于人类具备这些能力，所以我们说人类拥有心灵，但不表示我们必须指出心灵是什么物体。人类拥有心灵其实就跟大学拥有学院、图书馆与其他建筑物一样，没有什么神秘之处，即便大学并不是个物体，也同样如此。

对于这个长久以来争论不休的问题，这应该是个便利的解决办法。不管它是否真的能解决（或许已经解决）这个心灵的问题，范畴错误的概念确实有效防止了将语言特征与世界特征混淆在一起。

请看其他问题

24. 方形的圆
31. 人类演化
62. 我思，故我在哪儿?
83. 道德黄金法则

50. 善意的贿赂

首相向来以“相当正直的一个人”自诩，他绝不容许政府内部出现贪污与丑闻，并且希望建立一个更廉洁、更诚实的政府。

然而，某件事让他陷入一个真正两难的境地。在唐宁街的会客室里，有个以没无良著称的商人，不过他并没有刑事或民事方面的犯罪记录，这个商人把首相拉到一旁，偷偷摸摸地对首相说：“许多人不喜欢我，也不认同我做事的方式，对此我不在意。真正让我苦恼的是，我的名声让我永远无法得到国家授予的爵位。”

商人继续说：“那么，我确定我们可以一同解决这个问题。我准备了1 000万英镑用以向数十万非洲民众提供干净的饮用水，前提是你要保证我会被列在新年授爵名单上。如果不行，这笔钱我就留着自己用。”

商人拍拍首相的背说：“考虑一下。”然后转身走入宾客中。首相知道这是贿赂，但如果明显是为了做善事，卖个荣誉又有什么不对呢？

对于那些道德标准明确的人，有两条路可以摆脱这个让人挠头的两难处境。如果采取狭义的功利主义观点，道德欲望上的结果是能造福大多数人，当然应该接受贿赂。这个道德题很简单：如果首相接受，数十万人可用上干净水，商人得到“爵士”头衔；唯一要付出的代价是，那些看到这个如同罪犯的、贪婪的家伙接受女王授爵时会觉得愤怒。

但是，如果你从正直原则与正当程序原则来看，那首相显然应该拒绝贿赂。国家事务的处理必须遵循正当程序，倘若允许富人买荣誉头衔，即使钱是拿去做了好事，也会破坏国家授爵的原则，使其从论德行赏沦为论钱行赏。

要衡量这种两难处境中的困难度，你得先了解上述两种论证的影响。正当程序与法治对于民主开放社会十分重要，但如果稍微扭曲规则能带来极大的好处和只有极小的坏处，僵硬地遵循法律是不是太过愚蠢甚至可以说不道德？

问题的核心在于一种被道德自我沉迷的现象。首相急于建立廉洁的政府，这意味着他不想沾上任何腐败的污点。但是在例子中，首相不想弄脏自己的手便是牺牲了数十万需要干净水的非洲人的福利。首相该受指责的地方在于他对自身清白的兴趣远大于让世界变得更好。显然他想要道德，实际上却因此干了不道德的事。他对道德的沉迷，使得其他人要付出患病以及跋涉数英里取水的代价。

首相也许意识到了这一点，但是仍有其他考虑。如果他接受这种想法，接下来会招来多少腐败？为什么不对选民说谎，这样可以让他们支持而非反对一场正义的战争？如果从长期有助于地区稳定并防止更糟糕的人掌权的角度看，为什么不支持专制政权呢？如果所有政治人物都只考虑结果，首相如何成为一个正直、诚实又不腐败的领导人？或者，这个理想只是个天真的梦？

请看其他问题

7. 无言胜利
79. 发条橙
83. 道德黄金法则
91. 无人受害

51. 活在桶里

自从出了车祸，布莱恩就活在桶里。他的身体被撞得粉碎，但是在外科医生的及时抢救下，他的大脑得以保住。现在这种手术已经很常见，一旦有合适的捐赠者，布莱恩的大脑就能安装到新的身体上。

但因为大脑最终衰竭得比身体慢，所以等待新身体的名单会长得让人无法忍受。而且，摧毁大脑在伦理上被认为是不可接受的。中国超级计算机Mai Trikks的出现解决了这个问题。通过接在大脑上的电极，计算机可以刺激大脑，使其产生幻觉，以为自己具有活生生的身体，并且居住在现实世界中。

在布莱恩的例子里，这意味着布莱恩有一天在医院病床上醒来，有人告诉他，他出了车祸，而且成功地进行了身体移植，然后布莱恩开始过正常的生活。然而，布莱恩其实只剩下自己原来那颗大脑，被放在桶里维系生命，大脑接满了连接到计算机的管线。但布莱恩跟你我一样，认为自己生活在现实世界中。他，或者我们，怎么才能区分虚幻和现实呢？

资料来源：勒内·笛儿尔，《第一哲学沉思集》，1641；希拉里·普特南，《理性，真理与历史》第1章，剑桥大学出版社，1982；电影《黑客帝国》，拉里·沃卓斯基与安迪·沃卓斯基执导，1999；尼克·博斯特鲁姆的模拟论证，www.simulation-argument.com。

我们是桶中的大脑这种可能性，为热门科幻小说改编的电影《黑客帝国》提供了基础。在电影中，基努·里维斯饰演的英雄尼奥虽然免于遭受失去身体的惨剧，但他的状况本质上和布莱恩相同。尼奥的大脑被输入各种信息，产生幻觉，以为自己生活在现实世界中。实际上，尼奥身处一个豆荚内，全身浸泡在羊水中。

我们是否处于这样的大规模幻觉中，这样的怀疑其实有着很长的历史。柏拉图的洞穴寓言是这种怀疑的早期先驱，之后的笛卡儿则提出系统性的怀疑：他怀疑我们在做梦，或是被一个强大的魔鬼欺骗了。

不过，桶中大脑的观念之所以存在是因为其合理性。这在科学上当然是完全可能的，至少比笛卡儿那个有可怕魔鬼骗子的说法更可信。

事实上，最新的论点指出，我们很可能全都生活在虚拟现实中，但或许不是作为桶中的大脑，而是人工创造的智能。这个论点认为，迟早有一天，我们或别的文明将创造出人工智能与虚拟现实，而我们会生活在其中。此外，因为这些模拟出来的世界不像生物有机体那样，需要大量的自然资源维持运作，所以几乎可以无限地创造这类环境。未来可能连整个地球这样大的行星都能在个人计算机中“存在”。

如果这些全都可能发生，我们只需要算一算就能得知我们有没有可能处于这样的模拟现实中。我们可以这么说，在每个完整的人类历史进程，也就是每个曾经生活过的人类之外，存在另外9个由计算机模拟的现实。不管是模拟还是人类，都相信自己是生物有机体，然而当中有90%并不是。既然我们无法确知自己是模拟还是真正的人类，就有9成的可能会误以为自己错了，属于后者。换句话说，我们很可能生活在某个类似《黑客帝国》中母体的地方，而不是走在真正的地球上。

大多数人觉得这种论点里存在可质疑的地方，可能只是因为结论太过吓人。我们要问的问题不是这个论点听起来是否不可信，而是当中的逻辑是否存在问题。要找出其中的瑕疵虽然不是不可能，但也是一项艰巨的任务。

请看其他问题
1. 骗人的恶魔
28. 噩梦景象
62. 我思，故我在哪儿？
98. 虚拟的幸福

52. 计划生育

卡萝尔决定用自己万贯家财的一大部分改善坦桑尼亚南部贫穷村落的生活。然而，因为卡萝尔对计划生育项目有所保留，所以和卡萝尔合作的发展机构想出了两个可行的方案。

第一项计划完全没有计划生育措施，村落人口可能从 100 人增加到 150 人，生活质量指数（即衡量主观与客观因素的指数）会从平均 2.4 稳定上升到 3.2。

第二项计划包括了非强制性的计划生育，村落人口稳定维持在 100 人，但是平均生活质量指数提升到 4。

鉴于生活质量指数在 1 或低于 1 的人会认为自己完全没有活下去的价值。第一项计划可维持的有价值生命数量比第二项计划多，第二项计划虽然人口较少，但是可以更多地实现生命的价值。哪一项计划能更好地利用卡萝尔的资助?

资料来源：德里克 · 帕菲特,《理与人》第 4 部分，牛津大学出版社，1984。

卡萝尔的两难并不在于如何在质量与数量之间选择。因为当我们用诸如计算生活质量指数之类的东西时，就已经将质量量化，这东西实际上就跟听起来一样复杂。

卡萝尔想达到什么效果？有三个合理的答案。一个是增加有价值的生命数量，一个是增加生活质量的总量，还有一个就是尽可能为最有价值的生命形式创造条件。

想想第一项选择。显然，如果卡萝尔选择没有计划生育的计划，结果将会产生更多值得生存的生命，但这是她想要的结果吗？如果我们觉得是，那我们似乎会得出一个荒谬的结论。只要不过最悲惨的生活，就意味着我们都应该尝试尽可能地让更多人来到这个世上，只要他们的生活质量没有落到最低标准水平之下。但这么做真的好吗？如果我们让英国人口增加至原来的 3 倍，在这个过程中，英国人变穷了，目的只是为了让更多的生命来到这个世上。

第二个可能的目标是增加生活质量的总量。同样，第一项计划可以达到这个目的，虽然计算只能大概接近现实，但我们仍然可以大概算出 150 人过着质量指数 3.2 的生活，合计的生活质量总量是 480 分。相较之下，100 人过着质量指数 4.0 的生活，生活质量总量只有 400。所以第一项计划可以得到更好的生活质量。

但这个结论也是荒谬的。如果我们以这为判断基础，我们会认为，让 1 000 人来到这个世上过着悲惨的质量指数 1.1 的生活，比一百人过着最大值 10 的生活更好（这里使用的计分系统是虚构的）。

最后剩下第三种可能：尽可能为最有价值与最令人满意的人类生命创造条件，不考虑人口与生活质量总量最大化的问题。拥有较少却真正得到满足的人口，也比很多人过着无法满足的生活要好。

虽然这听起来是个合理的结论，但是从生命与伦理的角度来看，这种做法让有些人感到不安。一旦我们开始说为生命而创造更多的生命是毫无价值的，即便这些生命值得存活，那么潜在的生命，比如早期胎儿，将不再拥有任何特殊价值。或许胎儿成人后能过上有价值的生活，但这并不意味着我们负有道德义务要尽力确保胎儿日后能过什么样的日子。当然，许多人完全可以接受这个结论，那些无法接受的人得问自己为何无法接受。

请看其他问题

20. 赖活不如好死
84. 高档与低俗
87. 公平的不平等
98. 虚拟的幸福

53. 双重效果原则

“医生，你一定要帮我。我太难受了，而且我知道自己要死了。让我解脱吧，最好是快速无痛苦地杀了我，我忍受不了了。”

“让我确定一下。”海德博士回答，“你是说我应该，嗯，为你注射高剂量止痛药，也许是20毫克吗啡，这个剂量很高，会让你很快失去意识，之后很快会死亡？”

“是的！请你可怜可怜我。”病人说。

“这事恐怕我不能做。”海德博士回答，“不过，我能看得出你感到痛苦，所以还是得做些什么。为了减轻你的痛苦，我会为你注射高剂量止痛药，大约20毫克吗啡，但是这样的高剂量会让你很快失去意识，之后很快会死亡。你觉得如何？”

“这不是跟你的第一个建议一样吗？”病人困惑地说。

“噢，这差别可大了！”医生回答说，“第一个建议是我杀了你，第二个建议是去除你的痛苦。我不是杀人犯，而且安乐死在我们国家是非法的。”

“但是不管是哪一种方式，都可以让我解脱。”病人反驳道。

“是啊，”医生说，“但只有一种可以让我免责。”

海德博士解释他的两段明显相似建议的差异看上去只是在狡辩，他既想满足病人的要求，又想免于法律制裁。在许多国家，例如英国，故意缩短病人的寿命是违法的，即使病人处于极大的痛苦中并且主动要求，这样做依然是非法的。但是，采取行动减少痛苦却是被允许的，即使可以预见此举将加速病人的死亡。因此意图成了关键。相同的行动，即注射20毫克吗啡，产生相同的结果，如果意图是解除痛苦则是合法的，如果意图杀人则违法。

这不只是法律奇怪的副产品，在区别的背后，存在一种非常古老且植根于天主教神学的道德原则。“双重效果原则”认为，为了行善而做某事，即使你已经预见这么做会带来某种恶，但只要意图是善的，而且没有产生恶的结果，那么在道德上就可以接受。关键在于预见和意图不一样，真正要看的是意图。

这项原则会使事情往坏的方向发展，因为它可以让尴尬的道德选择合理化，但如果严肃看待这项原则，它显然不是用来自我开脱的狡辩条款。举例来说，在海德博士的例子中，我们倾向于假定他的确想要实现病人的愿望，只是想避免法律的制裁。但我们也必须严肃地考虑海德博士完全不想杀死病人的可能性。海德博士可能是在不情愿的情况下，为追求减少病人痛苦的崇高目的而采取了行动，即使他已经预见到这将导致病人死亡。预见与意图的不同可能对海德博士如何面对自己的良心非常重要。

然而，还是有吹毛求疵的人质疑，我们不仅要对自己意图做的事负责，而且要对自己可预见的事负责。如果我拿着步枪对着森林射击，明知此举可能杀死过路人，如果真的发生了意外，我就没有理由为自己辩护，杀人不是我本意并不能成为辩护的理由。如果双重效果原则可以为上述情况辩护，那就必须解释为什么它能排除这种胆大妄为的鲁莽行为。

请看其他问题

15. 平凡的英雄行为
29. 命悬一线
71. 延缓死亡
89. 杀人，还是放任死亡?

54. 捉摸不定的我

这件事你可以在家中尝试，在公交车上也可以，睁眼闭眼都可以，待在安静的房间或嘈杂的街道。你要做的就只有这件事：确认你自己。

我的意思不是要你站起来说自己的名字，是要你掌握哪个是你，而不仅仅是你做的或你经历过的事。要做这件事，你必须把注意力集中在自己身上。试着在自己的意识中找出“我”，也就是你，也就是那个能感受冷热、思考自己想法、听到周围声音的你。我不是要你找出自己的情感、感官与思想，而是要你找出拥有这些东西的人，也就是自我的存在。

这应该很容易，毕竟，在这个世上还有什么会比自己的存在更明确？即使身旁所有的事物都是梦境或幻觉，也必须是你先存在，才能做梦，才能产生幻觉。所以，如果你将自己的心灵向内，试着变得只察觉自己，应该很快就能找到自己。继续吧，我们开始。

找到了吗？

资料来源：大卫·休谟，《人性论》第1卷，1739~1740。

承认吧，你失败了。你寻找自己一直认为存在的事物，却一无所获。这意味着什么？难道你不存在？

让我们搞清楚你会找到什么。每当你察觉到某件事时，被察觉的事物都会变得相当具体：想法、感情、感觉、声音、气味。但你未能这样察觉到自我。你能描述自己拥有的每段经验，却无法描述拥有这些经验的你。

不过，你或许会抗议，我怎会察觉不到是我拥有这些经验？比如，当我看着眼前的书时，我察觉到的是书，而不是我；但是从另一个角度来看，我也察觉到是我在看书。要分离自我与经验是不可能的，这就是人为什么不能有意识地察觉到自己，只能察觉自己在察觉什么，但这并不是说“我”被剔除在了范围之外。

这听来似乎有道理，但并非如此：“我”什么也不是，这个问题依然存在。这就像是从某个角度画风景。从某种意义上来说，绘画的角度不可能取自绘画本身，因为绘画本身是从风景的某个特定视角取材的，没有特定视角，就不可能画出风景。但这种视角本身无法显露在画中。我们都知道，这个特定视角可能是草绿色的山丘，可能是停好的车辆，也可能是钢筋水泥筑成的办公大楼。

可以用完全相同的方式理解拥有经验的自我。我看着眼前的书，察觉到的不只是视觉经验，还有某种观点的经验，确实是这样。但这种观点的性质不会在经验中显现。“我”仍然什么都不是，经验虽然像蝴蝶般翩然围绕着“我”，“我”却是一个毫无内容的中心。

在这个观点上，如果我们问自我是什么，答案是自我等于所有分享着同一观点且相互关联的经验集合。自我并不是物，当然也就无法被认知。我们无法察觉自己是什么，只能察觉到自己体验了什么。这不表示我们不存在，却说明我们缺乏一个持续的存在核心，一个我们一直误以为能永远存在且能让我们成为个人的单一自我。

请看其他问题

56. 全视角旋涡
62. 我思，故我在哪儿？
65. 灵魂寄居
88. 完全失忆

55. 可持续发展

格林一家意识到他们的成功付出的高昂代价，他们的乡村农舍不仅是他们的家，也是营生的工具。然而，当他们的企业创造稳定的利润时，屋内笨重机器的震动却逐渐破坏了房屋结构。如果他们继续不管不顾，5 年内房子受到的损伤会让这里成为危房，而他们将被迫搬出去，而他们获得的利润也不足以购买新的房产，或者进行必要的维修与结构改良。

格林夫妇决心将房子保留给孩子，因此，他们决定减慢生产，防止损坏继续扩大。

10 年后，格林夫妇过世，他们的子女继承了房产，然而，农舍也已经倒塌，成了片片瓦砾。建筑商来了，摇头说，要整修完毕需要 100 万英镑。格林夫妇的小儿子曾担任自家公司的会计很多年，他听了以后满脸愁容，将头埋在双手中。

“如果我们当初尽全力生产，不顾农舍的情况，5 年前我们就有足够的钱整修房子了。现在，经过 10 年的低水平生产，我们已经破产了。”

格林夫妇当初试着保护遗产，但实际上毁了遗产。

资料来源：比约恩·伦伯格，《多疑的环保主义者》，剑桥大学出版社，2001。

这则寓言可以被当成一个有关企业预期计划的教训。但是它的意义不仅如此，从这个故事中，我们可以看到一个更被人广泛关切的两难问题：我们如何回应我们目前面对的环境威胁？

以气候变化为例：专家认为气候变化的确在发生，而且很可能是人类造成的，但是现在我们不知该采取什么样的实际措施来完全停止气候的变化。比如，《京都议定书》的执行效果只能将变迁推迟大约6年的时间，然而，仅美国用来实施《京都议定书》的成本就相当于供应全球人口干净饮用水所需的钱。因此，你必须问是否值得为《京都议定书》的执行成本埋单。

重点在于，没有《京都议定书》时，美国实际上会向全世界提供多少干净饮水。这个重点可以和格林家防止房屋倒塌类比。我们是否也会以牺牲经济发展为代价，结果只是推迟了不可避免的气候变化，最后剥夺了下一代用来解决上一代遗留的问题所需的资金？如果牺牲了经济发展只会使我们在对抗气候变化时准备得没那么充分，那么将气候变化问题推后应该是最好的做法。

这并不是说我们应该对全球气候变暖听之任之，只是指出我们应该确认要做什么才有效，才不会无意中让事情变得更糟。这要求我们考虑的不只是环境破坏扩大化的问题，还要包括下一代是否有能力处理这个问题。许多环保人士不惜一切代价地避免环境破坏，但这种行为和格林家不惜代价将对农舍的破坏减到最低的策略一样非常短视。

这似乎是常识，但是对于关切环境的人而言，容易让他们从直觉上厌恶这种说法。理由有三个。首先，这种说法暗示有时让地球在短期内获得更多污染反而更好；其次，这种说法强调了经济发展在提供解决问题的资源上扮演的角色，但强调金融与经济容易让环保人士厌恶；最后，这种说法通常与这样的观念相关联，即未来科技有助于解决环境问题，然而科技被许多环保人士视为问题的源头，而非解决办法。这三个理由或许能解释为什么环保人士反对这种论调，而不是为什么他们应该支持这种论调。

请看其他问题

10. 蒙蔽公平
22. 救生艇
60. 照我说的做，而不是跟着我做
87. 公平的不平等

56. 全视角旋涡

多年来，伊恩·费列尔一直梦想着建造一个全视角旋涡。现在他已经准备开始测试，但也开始质疑所有的努力是一个可怕的错误。

费列尔第一次听说这种机器是在20世纪末一个广播节目的科幻小说段子里，这台机器可以让任何进入它的人看见自己在宇宙中的真实地位。在原著小说中，任何使用这部机器的人都会发现自己毫无意义的事实，这件事产生的冲击很大，能摧毁使用者的灵魂。

费列尔在建造机器时动了点儿手脚：他认为，既然每个人都会看到一样的东西，那么我们的无意义程度应该大同小异。但在计划中，他相信机器不会粉碎他的灵魂。费列尔就像加缪笔下被诅咒不断推着大石上山却只能无数次看着大石再次滚落的西西弗斯，他能面对自身不具任何意义的荒谬并克服。

现在，费列尔即将测试机器，他确实非常不安。他真能接受自己在宏观世界中无限渺小的地位吗？只有一种方法能知道结果……

资料来源：道格拉斯·亚当斯，《宇宙尽头的餐馆》，Pan Books 出版社公司，1980。

作为思想实验，全视角旋涡是矛盾的。一方面，它让我们想象如果我们进入旋涡会是什么样；另一方面，这个假想设备的总体目的是我们无法想象它能让我们看见什么。

尽管如此，思考旋涡可能产生的效果还是有些价值。在旋涡概念的出处《银河系漫游指南》中，的确有人从旋涡中幸存下来。赞法德·毕博布鲁克斯平静地走出旋涡，说这台机器显示出他是个“了不起的伟人”。但我们无法确定毕博布鲁克斯是真的在机器中幸存，还是他看到的是已经被扭曲的自我意义。

毕博布鲁克斯真的幸存了吗？为什么不可能呢？如果人类能在这台机器中感受到自己的价值或意义，就表示问题出在是否使用了适当的标准。高尔夫球友谊赛的成绩对国际巡回赛不具任何意义，美国公开赛的成绩放在整个人类史中同样毫无意义，地球上发生的一切放在整个宇宙脉络中都显得很渺小。这些都是事实，但不表示用来衡量事物的意义或价值的真正标准是唯一的，而是要根据事物对整个宇宙造成的影响来判断。用这种方式判断自己的生命，并因此死于旋涡中，等于是用错误的标准衡量了自己的生命。

我们也可以思考在观察者眼中，整个过程是怎样的。赞法德·毕博布鲁克斯拥有巨大的自我。面对旋涡，他看到的景象真的和其他人看到的相同吗？其他人看到自己无限渺小而感到绝望，毕博布鲁克斯反而惊叹于自己虽然不大却很重要。

这是旋涡观念的矛盾之处。旋涡应该显示人们的重要性，却未显示出来。你可以基于某个标准显示某人的重要程度，例如美国职业运动中最有价值球员的排名。不过我们有很多方式衡量自己的重要性，但是哪一种方式最正确并没有客观的标准。想想有多少人会放弃名声与财富，只为了与他们珍视并珍视自己的人在一起。他们的爱情放在宏观世界中完全没有意义，但他们在意吗？对他们而言，爱情就是一切，这就够了。

请看其他问题

20. 赖活不如好死
51. 活在桶里
54. 捉摸不定的我
62. 我思，故我在哪儿？

57. 吃宠物之谜

“俭以防匮”是迪莉娅的座右铭。迪莉娅极为尊敬父母那一代人的节俭，那一代人曾经历战争，而且他们大部分人的生活都处于物资相对匮乏的状态。迪莉娅从父母那学到许多同龄人没有的技能，例如如何剥兔子皮，以及如何用动物内脏做出简单好吃的菜肴。

有一天，迪莉娅在郊外豪恩斯洛区的半独立式住宅里听到外面有尖锐的刹车声，她跑出去发现自己养的猫提多斯被车撞了。迪莉娅第一个念头不只是遗憾与悲伤，还有实用的想法。这只猫受到猛烈撞击，但是没有被车碾压。事实上，这只猫变成了一块可以吃的肉。

当晚，迪莉娅家的餐桌上摆上的味道刺鼻的炖肉在许多英国家庭都没有，但是迪莉娅家已经习惯这种旧式吃法。迪莉娅告诉丈夫发生了什么事，当然，她也一如既往地跟孩子们坦白。小女儿梅齐吃得不情不愿，隔着热气蒸腾的锅，她不时以责怪的眼神看着母亲。迪莉娅了解梅齐的心情，但是这个孩子确实没有理由认为迪莉娅做错了。

资料来源：《影响、文化与道德，或吃掉你的狗是错误的吗？》，乔纳森·海特、西尔维娅·海伦娜·科勒和玛丽亚·G·迪亚斯，发表于《人格与社会心理学》第65页，1973。

禁忌的力量很强大。在西方和世界上绝大多数国家，大多数认为吃肉不构成道德问题，有时他们吃的肉甚至来自于在恶劣环境中养殖的动物。有些农场动物，例如猪，甚至比家养宠物还聪明。

然而，吃某些肉却会让人反感。许多英国人认为吃马肉或狗肉是野蛮的行为，吃宠物尤其反感。大家都能接受炖兔肉，只要你没给这只兔子取名字，并且将它养在笼子里，就没有问题。

这些判断是否具有道德基础，还是只是文化制约下的反射动作？如果你不是认为吃肉就是不对的伦理素食者，就很难看出道德与这件事有什么关系。事实上，在迪莉娅的例子中，吃掉家猫或许反而更有道德，毕竟，我们都知道世界上有很多人处于贫困状态，故意浪费资源是不道德的。因此，如果吃肉并非不对的话，加上又有现成的肉可以吃，把肉丢掉似乎是不对的，我们应该吃掉。基于这个想法，迪莉娅是道德英雄，她做了大多数人没有勇气做的事。

有人可能会反对，认为吃宠物等于背叛你和宠物之间作为关系基础的信任，你不可能从朋友与保护者的身份一下变成讲究实际的农夫。这不只在心理上难以适应，也破坏了人类与动物之间的关系基础。

但不难想象，在某些文化中，吃宠物甚至吃朋友反而是彼此关系达到顶点的逻辑结果。在菲利普·普尔曼的《黑暗物质》三部曲中，武装熊王欧瑞克通过吃掉他死去的朋友斯科瑞斯比来表达对朋友的敬意。虽然这套书的读者大部分是儿童，但普尔曼说儿童接受这样设计似乎没有什么问题，觉得这是自然而然的。

所以动物是朋友还是食物这个问题可能是个错误的二元对立问题。在道德上，吃掉死去的宠物是可接受的，不吃反而是应该被责备的浪费行为。

请看其他问题

5. 一头想要被吃掉的猪
17. 严刑逼供
35. 最后的手段
91. 无人受害

58. 信仰，还是疯狂？

上帝对哲学家说：“我是你的神，我命令你牺牲你唯一的儿子。”

哲学家回答：“这不太对，你在《十诫》里规定：‘不可杀人。’”

“主订的规则，主当然可以取消。”上帝回答。

“但是，我怎么知道你是上帝？”哲学家坚持地说，“也许你是想骗我的魔鬼？”

“你必须有信仰！”上帝回答。

“信仰，还是疯狂？也许是我的心灵在跟我开玩笑？也许你想用狡猾的方式测试我，想看看我是否已经完全失去道德本质，愿意听从来自云间、隆隆作响的声音摆布，杀掉自己的孩子。”

“我是全能的！”上帝大喊，“对你来说，你说的一切固然合理，但你只是一介凡人，怎么能拒绝我——天主，你的上帝的命令！”

“恐怕就是如此。”哲学家说，“而且，你没有给我足够的理由让我改变想法。”

资料来源：索伦·克尔凯郭尔，《恐惧与战栗》，1843。

在《创世记》中，上帝找到了更顺从的仆人亚伯拉罕，他遵循上帝的指示，要牺牲自己的儿子。直到最后一刻，他已经刀在手，天使出现阻止了他。亚伯拉罕表现出前所未有的信仰。

亚伯拉罕到底在想什么？让我们假设亚伯拉罕坚定地信仰上帝，而上帝也确实存在，这并非无神论者对亚伯拉罕行为的批评。当时亚伯拉罕接到指示要杀他的儿子，但亚伯拉罕这样就要动手杀人难道疯了吗？在我们前面的对话中，哲学家提出的问题都可以用在亚伯拉罕身上。很可能不是上帝说的，而是魔鬼；亚伯拉罕可能疯了；这个测试也许是要看看他会不会拒绝。这三种可能性似乎比上帝要求亚伯拉罕牺牲自己的儿子更合理，毕竟，慈爱的上帝怎么会下令做出如此野蛮的行为？

在《创世记》中，人类与造物主的关系似乎比今日信徒与上帝的关系更直接，上帝与亚伯拉罕等人的对话仿佛两人坐在一起交谈。在这样的世界中，上帝指示亚伯拉罕杀子的真实性不容怀疑，但是在今日我们熟知的世界上，没人敢确定自己确实听到了上帝的话。即使听到了，我们也无法确定上帝是不是在测试亚伯拉罕会不会拒绝。

那么，如果这是一则有关信仰本质的故事，它传递的信息是什么？它不是简单地指出信仰者要遵从上帝的指示，不论这项指示有多么令人不快，而是指出了信仰者永远无法确认上帝的真正意图是什么。信仰不是等到上帝要求你行动时才产生，信仰是即便缺乏上帝存在的证据，你依然要信。有时，信仰要求信仰者超越证据，相信那些与自己先前的是非观完全相反的观念，比如，违反上帝不许无缘无故杀人的诫令。

这不是讲道坛上通常宣扬的信仰。信仰是稳固的磐石，能让信仰者感到平静，内心坚定。但如果亚伯拉罕基于自己的信仰，准备平静地杀害自己的儿子，那就表示他未能理解自己放胆去相信所带来的风险。

如果你还没被说服，可以想一下那些相信上帝希望他们成为自杀式炸弹袭击者、希望他们杀害妓女或屠杀少数族群的人。在你说上帝绝对不会命令人们做这种邪恶事之前，回想一下亚伯拉罕基于三种可能所信仰的上帝，他不仅下令亚伯拉罕牺牲他的儿子，还允许对他人妻子做出强奸行为，作为对丈夫的惩罚（《撒姆尔记下》第12章），他下令杀死其他宗教的信徒（《申命记》第13章），还要求用石头打死那些亵渎他的人（《申命记》第24章）。似乎上帝会提出什么要求是没有限制的，有些信仰者无论如何都会信仰上帝。

请看其他问题

8. 为善
18. 理性的要求
34. 不是我的错
95. 全知全能

59. 我们看到的不一样

如果你能通过别人的眼睛看世界，你会看到什么？对塞西莉亚来说，这已经不是假设或隐喻的问题。她刚刚加入相当神奇的U-View环球视觉信息交换网。这个网络能让一个人与他人相连，从而准确地看到他人看到的景象。

对任何人来说，这都是难得的体验，而对塞西莉亚而言，就更令人惊奇了，因为当她看到她的朋友卢克看到的世界时，仿佛整个世界都是反过来的。对卢克来说，西红柿是红的，但是对塞西莉亚来说是蓝的。同样，天空变成红的。香蕉成熟则是由黄转绿。

U–View的工作人员听了塞西莉亚的描述后，立刻对她做了进一步测试，结果发现塞西莉亚是以颠倒的光谱看世界的：每个颜色都是其他人看到的颜色的互补色。不过，由于这个差异是系统性的，所以要不是U–View系统，大家永远都不会发现。毕竟，塞西莉亚可以跟其他人一样，正确指出西红柿是“红色”的。

你看到的世界可能跟塞西莉亚一样吗？如果我通过你的眼睛看世界，我也会觉得你看到的落日是蓝的吗？我们不可能知道答案，因为不管你怎么看世界，只要感觉色彩结构跟我的一样正常，我们说的或做的就不会产生差异。对我们来说，绿色就是草、莴苣、豌豆与一美元纸币上油墨的颜色，橘子是橘色的，愤怒者看到红色，歌手则看到忧郁的蓝色。

使用颜色词汇是否精确，完全取决于对公共物品的指称，而非个人经验，你不可能蒙着眼睛就能看到蓝色是什么样子。因为我们在生物学上有相似性，我可以假设，我们彼此看到的晴朗夏日的天空不会有太大差别。

你也许会问，我们如何知道谁是色盲。这个问题的答案支持而不是弱化了塞西莉亚的例子，世界上有许多像塞西莉亚的人都能跟常人一样生活在我们之中而没有被发现。色盲没有辨别颜色的能力，而拥有完整色谱视觉的人则能清楚辨别各种颜色，从这一点出发就能发现色盲。比如，大多数人能在绿色背景中辨别出红色，但是色盲不行。在色盲的个人感官经验中，测试所反映的经验并不被包括在内。感官的经验决定了人们对色彩差异进行公共判断的能力，只要某人能够跟别人一样指出色彩的差异，我们就无法从比较中知道他看到的色彩和别人有什么不同。

每个人看世界的方式可能都不一样（听、闻、尝或感觉的方式也不一样），这还不足以引人好奇和怀疑。也许，更让人感兴趣的是这种可能性告诉我们的有关语言的应用，以及描述我们心灵生活的词汇的含义。简言之，像“红色”这个词并没有描述特定的视觉感受，而只是世上的一种规律，能与我们如何看见红色的规律一致。当我们说西红柿是红色的，“红色”这个词并不指称我们知觉到的颜色，而是指称世界的一种特征，这种特征对其他人来说也许非常不同。这意味着当塞西莉亚与卢克都说天空是蓝色时，他们说的都对，尽管他们看到的颜色完全不一样。

如果在颜色上是这样，那么是否也适用于我们经常认为属于内在与私人的事物呢？“疼痛”是一种感觉，还是一种对感觉的回应？当我说我头痛时，我指称的是我的头部有一种令人不愉快的感觉，我这样想有错吗？这种说法会不会颠覆心灵语言？

请看其他问题

13. 专门研究红色的色盲
21. 埃皮菲尼亚人的土地
41. 就是没有蓝色
73. 变成蝙蝠

60. 照我说的做，而不是跟着我做

伊连娜·杰纳斯正在准备一份有关飞行对全球变暖有哪些影响的报告。她要告诉听众，商务飞行一年排放的主要温室气体二氧化碳的总量要比非洲国家排放的总和还多。她要告诉他们，一次长途飞行的污染量就比12个月的汽车旅行要多。她的结论是，如果我们想拯救地球，就必须减少坐飞机的次数，鼓励大家要么减少旅行，要么改用其他交通工具。

正当伊连娜想象她的演说获得热烈欢迎时，给她端酒过来的空中小姐打断了她。虚伪？伊连娜可不这么想，因为她也很清楚自己的班机对环境的影响是微乎其微的：即使她拒绝飞行，全球变暖也不会因此减缓一秒，需要的是大量改变与政策上的改变。伊连娜的工作要求她必须搭飞机到世界各地游说帮助消除温室效应。拒绝飞行只是个毫无意义的举动。

想到这儿，伊连娜打开了飞机上的电影频道，这时播放的是《后天》。

想想“每一份微薄的帮助”可以让自己安心一些，但是这样对吗？这取决于你怎么看待这件事。举例来说，如果每个英国人捐1英镑给慈善机构，加起来多达5 600万英镑；个人的力量有限，但集体就能创造出巨大的力量。然而，换个角度来看，如果所有人都捐了，只剩一个人没捐，此时募得的总金额只差1英镑就能达到5 600万英镑，那么不管这个人最后捐不捐这1英镑，都不会对已募得的这笔钱所能做的事造成任何重大的影响。

思考这些事实，会很合理地得出结论，认为自己的付出不重要，自己做不做都不会有什么影响，但如果每个人都这么想，那就真的会产生影响了。这是个悖论，或者两种想法能协调一致吗？

伊连娜认为两种想法可以并存。你必须要做的是说服大批人相信自己的贡献确实重要，若是有足够的人错误地相信这是真的，那么我们就能得到所希望的影响。这就变成了一项光荣的诈骗计划：集体的努力能产生影响，个人的力量是不行的，但除非大家认为个人的努力具有影响，否则你无法汇聚到集体的力量。

这个论证在很大程度上说服力不足，但又很难找出逻辑上的问题。那么为什么我们觉得它是错的？

一个可能的理由是尽管伊连娜在安慰自己的良心，但我们仍觉得她是个虚伪的人，因为她做的事跟她要求我们做的刚好相反，但这并不表示她对个人努力的影响的说法是错的。如果她只关心拯救地球，伊连娜对于飞行所说的话也许相当合理，但是伊连娜选择飞行依然是错的，原因是另一个完全不同的理由，也就是当你告诉别人不该做什么的时候自己去做了。换句话说，伊连娜选择飞行之所以有错，与环境无关，而只是与她违反了伦理道德有关，她要求别人遵守规则的时候，自己也应该遵守相同的规则。

这似乎能解决明显的悖论。我们集体对于飞行的钟爱有害环境，这一点没错，所有人微小的排放量加到一起就会产生负面影响。个人飞行造成的影响是可以忽略的，这一点也没有错，个体微小的排放量不会造成影响。但如果我们支持降低排放的政策，我们自己也应该遵守，不能有例外，这一点也是对的。伊连娜不应该因为破坏地球环境而受到批评，而应因为她未能遵守自己给他人的忠告。当然，如果“照我说的做，而不是跟着我做”能成为一个完全合理的请求，就另当别论了。

请看其他问题

55. 可持续发展
82. 占便宜
83. 道德黄金法则
91. 无人受害

61. 马苏里拉芝士做的月亮

月亮是芝士做的，精确地说，是马苏里拉芝士做的。我这么说，也许已经签下了自己的死亡证明。你知道，他们不想让我们知道这种事，他们会说我疯了。但是就像黑泽明说的：“在疯狂的世界里，只有疯子才清醒。”

“但有人登陆月球了啊。”你怎么告诉他，错，那都是假的，是美国国家航空航天局在摄影棚里拍的。你没看过电影《魔羯星一号》吗？要不是律师，那部片子早就被当成纪录片了。

“但还有其他无人宇宙飞船前往月球。”当中绝大多数也是假的。就算有些是真的，它们带回来的样本反而证实了马苏里拉理论。当然，这些证据全都被压下了。

“可人们能用望远镜看到月球啊！”好，那你告诉我，你能辨别月球是坚硬的岩石还是柔软的芝士吗？

“但如果你说的是真的，这件事肯定早就传出去了。”你能不能小声点儿，也许我们可以因此得到一大笔钱；也可能被灭口，或是被当成疯子?

想一想:如果没有无限供应的芝士,猫王怎么在月球上活得下去?

很疯狂,不是吗?但是如果我说有20%的美国人怀疑登陆月球从来没有发生过呢?这些人都疯了吗?如果他们没疯,是什么让他们在清醒的情况下,即使是错了,还是认为登陆月球是假的,并且让马苏里拉月球假说成了不可思议的噱头?

阴谋论之所以可能出现,是因为知识的形成有两种限制。第一种被称为"理解的整体性":我们相信的任何单一的事物都与其他观念成网状相连。比如说,你相信冰淇淋使人发胖这个观念与你的其他观念相关联,你相信冰淇淋含有高热量、脂肪摄取与体重增加之间的关系,以及营养科学的可靠程度。

第二种限制听起来相当不得了,叫作"有证据的理论弱决定论"。用直白的话来说,就是事实无法提供足够的证据,决定性地证明某一个理论为真,总是存在漏洞,其他理论也有可能为真。这就是法院坚持证据只需超越"合理怀疑"的原因,因为要提出超越"所有"怀疑的证据是不可能的。

将这两种知识限制放在一起,就让最荒诞的阴谋论也有了空间。我们有充分的证据显示月球是块石头,但是这些证据并不能"迫使"我们只得出这个结论。所谓的证据漏洞在于即便如"马苏里拉芝士做的月亮"这种假说,也能找到前后一致的证据。我们只需重新安排理解的网络中其他互相关联的观念，让它们可以契合。因此，也就是重新评估显微镜的力量、腐败的程度与登陆月球的真实性之类的需要。

可以确定的是，最后你的结论听起来会相当荒谬。但重点是结论“与证据相契合”，这就是为什么有这么多人陷入阴谋论（以及其他有关宇宙本质的奇怪观点）的魔咒。“与证据完全符合”似乎是个让人不得不相信的理由。不管是什么理论，都能找到相符的证据，即便像“马苏里拉芝士做的月亮”这种理论也一样。

那么是什么让一个理论比别的好呢？为什么进化论说得通，而登陆月球是伪造却是荒谬的？回答这个问题并不容易，这或许部分解释了为什么有将近一半的美国人认为进化论也是一场闹剧。我们能说的是，仅与证据一致不足以产生一个让人完全信服的理论，若是你认为只要符合证据，理论就可以被相信，那你应该也会相信猫王现在正在铺满比萨的天空中绕着地球转。

请看其他问题

1. 骗人的恶魔
3. 印度人与冰
19. 幻想破灭
98. 虚拟的幸福

62. 我思，故我在哪儿?

我叫勒内。我记得曾经看过这样的观点，如果有一样东西是我能一直确定的，那就是“我思，故我在”。如果我，戴维，现在正在思考，我必须存在才能让思考继续。这是对的，不是吗？也许我在做梦或是疯了，也许我根本不住汤顿，但只要我正在思考，我就知道露西（也就是我）存在，这让我感受到安慰。我在慕尼黑的生活充满了压力，能确定自身的存在让我有了些安全感。每天早上沿着香榭丽舍大道散步，我发现自己常常在想真实世界是否存在；我是否真的如我所想，住在夏洛茨维尔？朋友对我说：“玛德莲，再这样胡思乱想，你会把自己逼疯的！”但我不认为我疯了，我已经在不确定的世界找到确定之物。我思，故我在。我是尼格尔，我思考，因此我实际上是塞德里克。

资料来源：勒内·笛卡儿《方法论》，1637，《著作与书信》G·C·利希滕贝格，Carl Hanser Verlag 出版社，1971。

这篇独白前后连贯吗？从某个意义上说，显然前言不搭后语。说话者不断地变换自己的姓名，不断矛盾地说着自己居住的地方。乍看之下，他是在胡说。

然而，从某个重要的角度来看，这段独白具有连贯性。说得更具体一点，它完全与“我思，故我在”的真理一致。首先，写下这段话的笛卡儿用它来建立非物质灵魂或自我的存在。但批评者认为笛卡儿这样做更多的是宣告，而不是证明，这段诡异的独白显示了其中的原因。

关键在于，从“我思，故我在”中得到的确定性只在思考的那一刻出现，确实，要让思想产生，就的确需要思考者存在。但短暂的确定性不能证明同一个思考者存在于时间过程中，也不能证明思考者与几分钟前的思考者是同一人。确实，“我思，故我在”只能证明思考者存在于思考的那一刻。

所以这样看，独白是合理的。这些独白并非单一而连续的自我所说的话，而是一系列自我的一系列思想，所有这些自我按顺序占据了发言者的位置。我们无须将其看得神秘，将独白视为某个患有急性多重人格紊乱的人所说的话即可，不同的人按顺序快速地控制发声功能。每当他们说“我思，故我在”时，他们说的都完全正确，但是往往话一出口，无可置疑的“我”的存在就消失了。也许，我们甚至会发现，在最后一句描绘的情况中，竟然是由第二个“我”为第一个“我”的思想做了总结。

对绝大多数没有多重人格的人来说，这具有什么意义？独白的目的是展示笛卡儿的名言所证明的内容，这与我们对他的话的认知有很大的差距。我们思考或许显示我们存在，但并未说明我们是什么，也没有说明我们在时间的流逝中是否还是原来的自己。我们从“我思，故我在”中得到确定性，但付出了不小的代价：一旦走出思考发生的瞬间，面对的就是完全的不确定性。

请看其他问题

3. 印度人与冰
28. 噩梦景象
51. 活在桶里
54. 捉摸不定的我

63. 不明不觉

这是个非常诡异的巧合。上周某一天，内奥米正在买咖啡，她身后的男子摸索着口袋，一不小心把钥匙圈掉了出来。内奥米捡起钥匙圈，不禁注意到钥匙圈上摇晃的小白兔。她把钥匙圈还给那男人，男人瘦削苍白的脸孔露出有些尴尬的表情，他说："我随身带着它，感情方面的原因。"他脸红了，两人都不再说话。

第二天，内奥米准备过马路时，听见尖锐的刹车声，然后是不详的撞击声。内奥米不加思索地随着人群朝着车祸现场走去，围观的人就像被磁铁吸引的铁屑一样。内奥米想看清受害者的长相，发觉竟然是那张苍白但已被撕裂的脸。一名医生为他检查后宣布："他死了。"

警方要求内奥米做笔录。"我只知道，昨天他在咖啡厅买了咖啡，还有他身上总是带着一个小白兔钥匙圈。"警方证实了她的说法。

5天后，内奥米排队买咖啡时，一回头差点吓得尖叫，身后站的竟是车祸中丧生的那个人。他注意到了内奥米惊吓的表情，但似乎不感到意外。“你以为我是我的孪生兄弟，对吧？”他问道。内奥米点头。“车祸之后，你不是第一个有这种反应的人。我跟我弟都会来这家咖啡馆，但通常不会一起来。”

他说话时，内奥米忍不住看着他手上的东西：一只别在钥匙圈上的小白兔。那个人也没有因此惊讶。“你知道的，母亲们总是喜欢买同样的东西给每个小孩。”

整个经历让内奥米感到不安。等她终于冷静下来之后，真正困扰她的问题是：她告诉警察的是真相吗？

资料来源:《得到佐证的事物一定会成为知识吗？》，埃德蒙德·盖蒂尔，收录于《分析哲学：文选集》，A·P·马丁尼奇和D·索萨编，Blackwell出版社，2001。

内奥米告诉警察：“我只知道，昨天他在咖啡厅买了咖啡，还有他身上总是带着一个小白兔钥匙圈。”这两个都是事实。但是内奥米说她“知道”这些事实是真的，她这样说对吗？许多哲学家认为，知识有三个条件。首先，要知道某事，必须相信它是真的。如果你相信米兰是意大利首都，就不可能知道罗马才是意大利首都；其次，你所相信的必须是真的。如果罗马是意大利首都，你不可能知道米兰是意大利首都；最后，你的真实想法必须能以某种方式自圆其说。如果你没有理由，只是碰巧相信罗马是意大利首都，尽管结果你是对的，我们也不应该说你拥有知识，你只是刚好猜对。

对于死者，内奥米有两个真实的观点，而她也能合理说明这两个观点，但她似乎并不确定这两个观点是真实的。内奥米不知道死者有个孪生兄弟，而他身上也带了相同的钥匙圈，所以内奥米误以为在咖啡馆遇到的是死者。死者如果是内奥米之前见过的那个人的孪生兄弟，而且死者在此之前并未去过咖啡馆，也没有带着相同的钥匙圈，内奥米应该还是会说自己知道有关死者的那两件事，只是这一次她错了。

内奥米知道的其实不多，即使到了现在，她还是不知道车祸前一天在咖啡厅看到的那个人是已经死于车祸，还是毫发无伤地和她在咖啡馆又碰面。内奥米搞不清谁是谁。

这个问题明显的解决方式是，我们必须缩小证明的范围。内奥米不知道真相是因为她用来宣称自己知道关于死者的两个事实的理由并不够充分。但如果这是真的，我们就应该要求知识的产生必须全面设定严格的观念证明条件。这意味着我们将会发现几乎所有我们认为自己知道的都不足以证明为知识。假如内奥米真的不知道自己对死者的所想所知，那我们也同样真的不知道自己大部分情况下的所想所知。

请看其他问题

1. 骗人的恶魔
3. 印度人与冰
40. 木马赢家
76. 联网的大脑

64. 要避免流血，必须先流血

总统低声说："你说的是违法的。"

"确实是，总统先生，"将军回答，"但你得想想怎样才是保护人民的最好方法。局势很清楚：塔图姆决定在自己的国内发动一次种族清洗，并攻击我们。我们的情报显示他在国内并无支持者。如果我们干掉他，该国的温和派领袖内斯塔将会取代他。"

"没错，但你说除掉他，暗杀外国领导人可违犯了国际法。"

将军叹气说："但是，总统先生，你得看到你这种选择有多简单。一颗子弹，之后由特工善后，就能避免一场大规模的屠杀，以及可能爆发的战争。我知道你不希望自己手上染上外国领导人的血，但你想让对方的人民和我们的人民血流成河吗？"

道德拥有较法律更高的权威，这是为什么我们赞成在国家法律明显不正义或没有合法的渠道来反抗时，公民有不服从法律的权力。我们可能不同意非洲国民大会对抗种族隔离时将某些行动合理化，但是要求南非向该国黑人提供足够的法律抗争机会也是相当可笑的想法。

想象一个人们必须违法才能做正确事情的情境并不难：救人比遵守速度限制更重要；不该为了避免侵入私人领地而放弃追捕危险的罪犯；偷比饿死要强。

如果我们接受这一点，那么要求总统做的事违犯国际法并不能解决他是否应该做的问题。问题在于情况是否真的严重到不诉诸非法行动就不能避免可怕后果的程度?

如果将军的预估是正确的，那似乎可以将暗杀行动合理化。举个老套的例子，如果你知道希特勒未来会做的事，难道不会在他年轻时杀了他吗?如果不杀他，是否表示你将他的生命看得比大屠杀死亡的600万条生命以及其他因他发动的战争而死亡的无数生命重要?

然而，就像推翻萨达姆政权所显示的那样，问题是情报经常出错。事实是虽然我们事后可能认为当初应该早点儿行动，但我们不可能确定未来会有什么后果。暗杀可能阻止一场种族清洗与战争，但也可能造成更大的动荡，或只是换了人上台继续屠杀。我们必须尊重预期外后果法则。

但总统可不能轻松地耸耸肩说:“事情该怎么样，就怎么样。”政治人物的工作是预估目前与未来最有可能发生的情况并据此做决定，估算可能错误不是不作为的借口。制定政策不是以绝对确定为基础，而是以可能性为基础。

所以，这个两难仍未解决。如果塔图姆没有被暗杀，而且他如预料到的继续走下去，总统“是的，我知道这件事有可能发生，但是我无法确定，所以决定袖手旁观”这样的说辞将成为无力的辩白。与此同时，总统也不可能经常仅靠不可靠的情报就无视国际法的存在。在这件事上，总统该如何决定？可以确定的是，这绝对是个非常艰难的选择。

请看其他问题

9. 反应预测
36. 先发制人的正义
50. 善意的贿赂
77. 替罪羔羊

65. 灵魂寄居

有记忆以来，费丝就相信灵魂转世，但是最近她对自己前世的兴趣又到达了一个新的层次。费丝拜访了灵媒马乔里，并且第一次得到了有关自己前世的信息。

马乔里告诉费丝，她的前世是一个生活在特洛伊被围攻时期的贵族妇女，名叫索丝梅。费丝听她说索丝梅曾经大胆地逃离特洛伊，先逃到士麦那，然后抵达克诺索斯。索丝梅显然既勇敢又美丽，她在克诺索斯与一名斯巴达军官相爱，并在当地度过余生。

费丝并未查阅特洛伊的真实历史，以检证马乔里的故事，也从未怀疑自己就是那个曾经生活在索丝梅体内的灵魂，但她对于这其中的含义有着近乎焦虑的关心。虽然费丝对于自己曾是希腊美女感到高兴，却因为完全不记得自己曾在克诺索斯生活，所以对马乔里描述的那名女子毫无感觉，她不理解为什么自己和索丝梅会是同一个人。费丝找到了有关索丝梅的生平资料，但看起来似乎一点儿也不像她的生活。

资料来源：约翰·洛克，《人类理解论》（第5版）第2册，第27章，1706。

世上有许多人相信各种形式的灵魂转世或再生，有很多理由可以说明这些人想错了。不过，先假设我们的确拥有灵魂，而且是转世的灵魂，接下来会怎么样？

这正是费丝想要解决的问题。尽管马乔里告诉她的故事有可疑的地方，为什么我们的前世通常都是一些有趣、身份显赫、生活多彩的人物，但她并不想争论其真实性。费丝想问的是：如果我的确拥有和索丝梅相同的灵魂，会跟她完全一样吗？

费丝的直觉反应是"不会"。她不觉得自己跟索丝梅是同一个人，这一点并不让人感到意外。回顾过去的自己（而非已经死去的另一个自己）时，能让我们觉得自己还是原来的自己，是某种程度上的心理联结与心理持续性。我们记得那个人，做那个人做过的事，主张那个人主张过的信念，等等。我们也感觉到目前的自己是源于那个人。

如果我们的灵魂的确曾经寄居在前世的某个人身上，对于这些人，我们并无心理联结。费丝不记得自己曾是索丝梅，也不觉得自己源自索丝梅，因此必须由马乔里来告诉费丝，索丝梅做了什么、想了什么。少了这些联结，我们怎么能说索丝梅与费丝是同一个人，即使她们曾经分享同一个灵魂?

这些思考的方向如果正确，那么即便我们的灵魂能在肉体的死亡中幸存下来，也不一定表示我们能在肉体的死亡中幸存。自我要能持续存在，似乎必须靠心理持续性，而非某种奇怪的非物质实体。灵魂的持续存在并不能保证自我的持续存在，就像它无法保证心脏或其他器官持续存在。

现在可以回忆一下看着自己婴儿时期的照片是什么感觉。要了解照片中的婴孩，通常必须问某个在当时是成年人且记得当时情景的人。“那时的我是怎样的？”你会这么问他们，就像费丝问马乔里：“当时我在特洛伊是怎样的？”你和那个蹒跚学步的小孩的心理联结非常弱，甚至觉得彼此没有任何联结存在。难道这意味着你跟幼年时期的你并非同一个人，就像费丝不同于索丝梅一样吗?

请看其他问题

2. 瞬间移动装置
38. 我是大脑
54. 捉摸不定的我
88. 完全失忆

66. 伪造专家

《深秋的白杨林荫道》被正式列入凡·高的杰作。这幅“消失已久”的画作将以数百万英镑卖出，而且引起了学者们的普遍关注，他们会拿这幅作品和凡·高另外两幅绘于不同时期但题材相同的作品做比较。

这让约里斯·范登堡颇为高兴，因为是他画了《深秋的白杨林荫道》，而不是凡·高。范登堡是个伪造专家，他确信最新的创作绝对会被鉴定为真品。这不仅能让他大赚一笔，还能大大提升他的专业地位。

只有少数几个密友知道范登堡要干什么，有人表现出强烈的道德忧虑。对此，范登堡只是不理不睬。对范登堡来说，如果这幅画得到的评价与凡·高的作品一样，买家付的每一分钱就都是值得的；如果有人只因这是凡·高的作品而支付了比真实价格还多的钱，这个人就是蠢人，活该花这笔钱。

伪造明显不是一门有品格的专业，因为它肯定会涉及欺骗。只要有人上当，将赝品当作真品，伪造者就成功了。

然而，欺骗不见得非受责难不可，有时公然说谎反而是道德要求。假如有种族主义暴徒企图使用暴力，问你知不知道哪边住着“外国人”，你最好假装不知道，而不是老老实实地指向23号房。因此，重点是说谎是为了高尚还是卑劣的目的，以及欺骗会产生什么样的后果。

伪造者的目的似乎相当单纯：他们只是想赚一大笔钱。然而，即使是诚实的艺术家，其作画动机也有一部分出于赚钱，所以这本身并没有解决问题。要评价伪造的行为，必须从更宏观的角度来看。

在虚构的范登堡故事中，他提出一套可信的理由为自己的作品辩护。说得崇高点儿，伪造者其实是在提醒我们艺术的真实价值，并且嘲笑艺术市场以金钱价值取代美学价值。伪造者之所以能成功，一是他可以创作出与他临摹的大师不相上下的作品，二是他能创作出被认为值钱的作品，因为他的作品能以假乱真。如果赝品确实与现有艺术家的作品不相上下，为什么我们不重视这样的作品呢？如果赝品并不好，我们就要问为什么人们要花那么多工夫注意这些劣质的作品。难道艺术市场的行情不是由美学价值决定，而是由时尚、声望与名气决定的吗？画作上的凡·高签名就像贝克汉姆在球衣上的签名一样，都有着同样的增值效果。如果真是如此，那么因为赝品流入交易而抗议其实是可笑的。

从这个角度看来，伪造者堪称游击战专家，他们在艺术遭到贬低与商品化的文化中，为创造力的真实价值而战。当然，伪造者是骗子，但游击战本来就是偷偷摸摸进行的。体系必须从内部开始，一片一片地剥离开。当每件作品都能就本身的优点受到评价而不是靠角落的签名时，这场战争才会赢。这也就是说，除非有人能提供充分的理由让我们相信签名确实很重要……

请看其他问题

12. 沙滩上的毕加索
37. 自然就是美?
48. 恶俗与艺术
86. 艺术的价值

67. 油炸薄饼悖论

改变生命的事件不时发生，相比之下，将薄饼端到餐桌上实在算不上什么大事件。但这让萨斯基亚产生某种心灵上的震动，甚至会深刻地改变她的思考方式。

问题出在端薄饼上桌的服务生不是印度人，而是白种盎格鲁-撒克逊人。这让萨斯基亚感到困扰，对她来说，外出享受一顿咖喱的乐趣就是感受异国文化。就算服务生端上来的是牛肉腰子派，恐怕也不如服务生的肤色让人觉得不协调。

萨斯基亚越想越觉得说不通，她自认为是多元文化主义者，也就是说，她能正面欣赏多元种族社会产生的多元文化。但她欣赏的是各民族仍维持自身的民族特色，如果其他文化都牢固地维持自己的根基，她就能享受有着不同文化的生活。对她来说，要成为多元文化主义者，其他人必须是单一文化主义者，但这样的话，她理想中的多元文化社会还剩下什么？

萨斯基亚有理由觉得不舒服。自由派多元文化主义的核心存在一个问题。多元文化主义主张尊重其他文化，但是它最看重的是超越单一文化且尊重各种文化的能力。这就给文化本身加上了一个主要的限制。理想的多元文化主义者要能参观清真寺、阅读印度教经文，并且学佛教徒打坐。那些恪守自身传统的人不可能体现这些理想，尽管这些人不停地说“尊重”，但多元文化主义者往往认为这些人比心胸开放的他们低一等。

这当中存在某种逛动物园的心态。多元文化主义者想四处欣赏不同的生活方式，但只有这些不同的生活形式必须或多或少保持不变时才可以。社会各种次文化就像牢笼一样，如果有太多的人可以任意出入，多元文化主义者将丧失指指点点或微笑面对的乐趣；如果每个人都是多种文化混杂下的产物，就没有足够真正的多元文化可供消遣。所以，多元文化主义者必须维持在精英层面，寄生在自己内在同质的单一文化中。

有些人也许认为多元文化主义者也能专注于特定的单一文化中。某些范式显示，虔诚的穆斯林或基督徒也能尊重其他宗教与信仰体系，并且愿意向其他宗教学习。

然而，对其他文化的宽容与尊重并不等于将所有宗教视为同样重要。对于多元文化主义者来说，最好的做法是欣赏各个文化的优点，但是不能成为虔诚的基督徒、穆斯林、犹太教徒甚至无神论者。对于其他文化，要宽容甚至尊重，但基督徒若是真诚地相信伊斯兰教与基督教一样宝贵，又为什么要当基督徒？

这是多元文化主义者的两难困境。你可以拥有一个各种文化彼此尊重的社会，说这样的社会是多元文化主义。但如果你想支持多元文化主义，珍视多元文化并认为所有文化都具有同样的优点，那么你要么必须接受生活在单一文化下的人处于较低等的生活形式，因为他们的生活违反了尊重所有文化的观念，要么你必须消除特定文化之间的区别，这样人们会越来越珍视其他文化，而这将让你珍视的多元文化衰弱。

在我们的实例中，如果萨斯基亚想要继续享受多元文化，她必须希望其他人不会像她一样全力支持多元文化主义。

请看其他问题

10. 蒙蔽公平
55. 可持续发展
82. 占便宜
84. 高档与低俗

68. 疼痛错乱

车祸让戴维受伤的脑部出现了一种非同寻常的后遗症。你抓、刺、踢他，他都不觉得痛，但每当看到许多带有味道的黄色橡叶、听到歌剧歌手唱到高音C、自己不自觉地讲出双关语，或是随机想起过去的一些经历时，他就会感到痛，有时甚至是剧痛。

除此之外，戴维完全不觉得疼痛让人难受。他不会故意寻求疼痛，但也不会努力避免疼痛。这意味着戴维不会以寻常的方式表现他的疼痛，例如喊叫或扭动身体。戴维疼痛时唯一的生理表现是各种不由自主的痉挛：耸肩、眉毛上下快速跳动，或是手肘如翅膀般拍动，让他看起来像只鸡。

然而，戴维的神经学医生对这些症状深感怀疑。他知道戴维不再像以前一样感受疼痛，但怀疑戴维看到“太多黄色”时感受到的痛觉是什么。那不可能是痛觉。就定义来说，疼痛是一种不舒服的感觉，因此人们都想避免。或许戴维的大脑受损让他忘了真正的疼痛是什么感觉。

资料来源："疼痛错乱与火星人的疼痛"，戴维·刘易斯，收录于《心理学的哲学选读》第1卷，内德·布洛克编，哈佛大学出版社，1980。

心灵哲学家喜欢研究疼痛，他们对主观经验本质，以及主观经验与客观知识的关系很着迷，而其中没有什么比疼痛更主观、更真实。只要问问有牙痛经历的人就知道。同时，我们通常很容易看出一个人是否痛。和想到企鹅这样的一般心灵事件相比，疼痛不一样。疼痛不仅影响我们的外在行为，还影响我们的内在经验。

所以，如果你想了解主观经验是怎么回事，疼痛会是很好的研究对象。戴维的"痛觉错乱"的故事是一种尝试，我们可以研究各种与疼痛相关的变量，看看哪个变量是本质性的，哪个纯属偶然。三个最主要的变量分别是：主观经验、典型原因与行为回应。痛觉错乱只有主观经验与一般痛觉相同，因果则非常不同。如果我们把痛觉错乱描述为疼痛，就表示我们认定疼痛的主观感受就是疼痛的本质，而其原因与反应只是偶然，与它们通常的形式不同。

有关疼痛的常识也是不明确的。一方面，似乎人们都说疼痛本质上是一种主观感受，只有哲学家与心理学家会认真地从刺激——反应或大脑运作的角度界定疼痛；另一方面，常识上大家会说疼痛是一种主观感受，如果有人对疼痛既不在意也不难受，大家就会说这个人完全没有感受到痛觉。这意味着戴维的故事前后矛盾：不管戴维怎么说，他其实就是感觉不到痛。他的神经学医生的怀疑是对的。而且，我们也只有戴维的话可以研究。为什么我们应该相信戴维有能力辨识自己的内在感受与未出车祸前相同呢？

然而，问题的要点是内在与外在的关系。我们似乎可以很轻松地说，疼痛是由疼痛者本身的感受来界定的，而内在感受又与外在行为紧密相连，比如避免疼痛与痛苦的表情就是例子，但是得出这种解答显然过快。因为如果疼痛真是一种感觉，为什么少了相关的行为，就无法想象疼痛的体验？只说疼痛一定以某种方式表现并不够，你得说为什么疼痛一定会以这样的方式表现。除非你能解释清楚这一点，否则痛觉错乱仍有可能是疼痛。

请看其他问题

23. 盒子中的“甲虫”
26. 忘记疼痛
32. 自由的西蒙妮
39. 算命摊

69. 恐惧

“可怕的东西！可怕的东西！”

许多人猜想是什么启发了库兹上校，让他在临终前说了这句著名的话。答案在于他最后一口气前领悟的事。在那一刻，库兹发现过去、现在与未来都是幻觉，时间中没有一刻曾经消失过，发生的每件事都永远存在。

这意味着他即将面对的死亡不是终点，他的人生将永远存在。因此，在某种意义上，他经历的人生将不断地再次经历，永恒地重复，每次都完全一样。因此，没有学习、改变与改正过去错误的希望。

要是库兹的人生是成功的，他就能接受这件事。他可以审视自己的工作，觉得自己“做得不错”，并且在心理上战胜死亡，平静地走向坟墓。然而，事实上库兹的反应带着恐惧，这显示他未能克服再次活着时要面对的挑战。

“可怕的东西！可怕的东西！”当你想到生命的永恒回归时，会有不同的反应吗？

资料来源：弗里德里希 · 尼采，《查拉图斯特拉如是说》，1891；约瑟夫 · 康拉德，《黑暗之心》，1902。

作为文学批评与形而上学，针对库兹临终话语的这番诠释引自康拉德的《黑暗之心》，往好了说是完整的思辨，说难听点儿就是纯属虚构。我尚未看过有文字明确地指出我们应该如何理解库兹神秘的临终之言。至于“永恒回归”的概念，虽然尼采似乎很认真地信仰它，但绝大多数评论家都不认为这能代表尼采极盛时期的思想。

尽管如此，永恒回归的假说以及我们如何对其做出回应，仍是用来进行自我审视的有趣工具。即使我们的生命并非注定要不断地重来，但我们能否接受这种想法，对尼采来说，这恰恰可以测试我们能否“克服”生命。唯有能完全征服自我、掌控自身命运的“超人”，才能以一种满足的心态接受生命的永恒回归，并面对自己的生命。

重要的是要记住尼采所说的“永恒回归”，并不是指电影《土拨鼠之日》中那样的情况。在那部电影中，比尔 · 默里发现自己一遍又一遍地重复着每一天，但每天都有机会以不同的方式做事。因此，他最终学会了如何去爱，因而有了得到救赎的可能，有了逃离循环的可能。尼采的回归形式是指，人类无法察觉自己在一遍又一遍地做同样的事，因此也没有机会改变；他们过的是完全一样的人生，不断地重复。

尼采也许过于夸大地说只有从来都不存在的超人才能接受永恒回归。但确实，令人惊奇的是会有多少人，包括那些曾在鬼门关走过一遭的人，说："如果我从头开始，我会把所有同样的事再做一次，我没法改变任何事。"表面看来，这直接与尼采的主张（即人们无法忍受永恒回归）唱反调。或许错的人不是尼采，而是盲目拥抱过去错误的人。因为当我们试着想象自己过去的糟糕经历、犯过的可怕错误、造成的伤害和遭受的耻辱时，难道一点儿也未感到难以承受的痛苦吗？我们之所以未被过去的"可怕的东西"征服，难道不是因为缺乏想象力，或者至少压抑了痛苦的记忆？超人和我们不同，他并未让自己免受回忆的痛苦，并且直接接受了回归观念。这就是为什么尼采相信超人非常稀有，而我们其他人一想到历史不断重复、重复、重复，就会有像库兹一样的反应。

请看其他问题

20. 赖活不如好死
34. 不是我的错
65. 灵魂寄居
88. 完全失忆

70. 突击检查

当卫生检查员来到艾米里欧的比萨店并且立即关闭了他的店后，朋友都无法相信艾米里欧就这样让事情发生了。他们说，既然艾米里欧知道检查员很快要来，他为什么不把店铺打扫干净？

艾米里欧的回答很简单。他已被告知，检查员会在月底前的某一天来突击检查。他坐下来想着对方会在哪一天来。应该不会是31日：如果检查员在那一天之前都没有来，就表示他只会在31日来检查，这样就不能算是突击。如果31日被排除，那就是30日，但基于相同的理由，这样也不算突击检查了。如果检查不在31日，那么29日也不可能是检查日，因为这样就只剩下30日，那也不算突击。但是，如果检查不会是在30日或31日，那也不会在29日，理由是一样的。依此往前推，艾米里欧最后认为检查员哪一天都不会来。

讽刺的是，在得出突击检查是不可能的结论之后，检查员走进店门，艾米里欧在不快中大吃一惊。他的推论出了什么问题？

资料来源：被广为讨论的“突击检查悖论”，源于战时瑞典广播。

对这个谜题的简短回答是，一般在日常生活中，没有人会像逻辑学家那样斟酌文字。检查员所说的“突击”只是指他们不会事先告知艾米里欧检查的日子。如果等到 31 日，只剩下一天可以检查，那么检查就不是“突击”。

许多哲学家认为这是个无聊的回答，因为它并未解决问题，而只是以含混的日常语言模糊焦点。但我认为这种批评很狭隘。我们应该常常提醒自己，纵使语言的不准确在其他状况下会阻碍我们的理解，但是语言的模糊与灰色地带有时也能让我们理解世界。

不过，这个回答确实未能解决这个难题。如果突击的约定完全按字面意思，接下来的检查如果不是突击，比如选择在 31 日检查，是否等于违反了突击检查的约定？

或许突击检查这个概念本身就有矛盾。从这一点来看，艾米里欧的推论是完美的，而他的结论也没错：不会有突击检查。因此，预先宣布要突击检查，这种做法肯定隐含着某种矛盾。

艾米里欧的结论看起来相当合适，但实际上突击检查显然会发生，而他发现这一点之后，也付出了不小的代价。如果说了约定并实现了，似乎很难说它有矛盾。

另一个耐人寻味的可能是：推论说不会有突击检查的人，只是改变突击检查的时间而已。比如，在 29 日，艾米里欧会认定 30 日或 31 日不会有突击检查，但即使没有突击，还是会有检查，可以是剩下两天中的某一天。既然艾米里欧不知道两天中的哪一天会来检查，即便是 30 日来检查，那就还是突击检查。

即使是在 31 日检查，也还是突击检查，因为艾米里欧已经认定 31 日不会有突击检查。那么如果当天有检查，就成了突击检查。

不过，最让人惊讶的还是这个谜题只是个语言小把戏，从这个小把戏中我们看到当中的逻辑比表面看上去要复杂。

请看其他问题

16. 赛跑的乌龟
25. 优柔寡断的布里丹
42. 拿了钱就跑
94. 税上加税

71. 延缓死亡

格雷医生很沮丧，他的晚期病人仍用维持生命的机器延续生命。病人最后一次清醒时曾强烈要求关掉机器，但是医院伦理委员会认为任何故意缩短病人生命的行为都是错误的。

格雷反对委员会的决定，而且因病人的意愿被忽视而感到不安。他也认为，以机器延缓死亡的来临只会延长病人的朋友和家属的痛苦。

格雷站在病床边难过地看着病人，但一件怪事发生了。医院的清洁工碰到了维持生命的机器的电线，插头被拔了出来，机器发出哔哔的警告声。清洁工觉得不大对劲，看着站在病床边的格雷，想要他帮忙。

“不用担心，”格雷毫不犹豫地说，“继续做你的事，没问题的。”

对格雷来说，确实没问题，因为没有人故意缩短病人的生命。格雷在做的只是不理会意外掉落的插头，没有采取任何措施让机器继续工作。现在他既可以获得自己想要的结果，也未违反伦理委员会的指示。

资料来源：乔纳森·格罗佛，《导致死亡与拯救生命》，企鹅出版社，1977。

杀人与任人死亡之间存在明显差异，但是这项差异总是具有重要的道德意义吗？如果在这两种情况下，死亡都是故意且经过审慎的决定造成的，做出决定的人是不是都应该受到责难？

在格雷医生的例子中，要在杀人与任其死亡之间做出明确的区分似乎有些奇怪。格雷想关闭维持生命的机器，让病人安息。事实上，尽管他只是没有重新插上机器的插头，但意图与结果都跟杀人一样。采取行动让病人死亡如果是错的，那么不采取任何行动防止病人死亡当然也是错的；或者，换个角度来说，让病人死亡在道德上如果说得过去，关闭机器当然也没有道德上的问题。

不过，法律对安乐死的规定确实明确地区分了杀人与任人死亡。这导致了古怪的结果：一方面，医生可以停止供食处于永久植物人状态的病人，让病人逐渐饿死；另一方面，医生不能注射致命药物，让病人快速死亡。不管是哪一种，病人都没有知觉，也不会受苦。不过，我们很难理解，饿死为何会比快速无痛的死亡在伦理上更优。

有人认为，虽然杀人与任人死亡之间并不总是存在道德意义上的差异，但是从法律与社会的角度出发，依然禁止故意杀人。这当中存在伦理的灰色地带，如维持生命的机器的例子，但社会还是需要规则和最佳、最明确的界线以区别杀害与任人死亡。在一些疑难案件中，这也许意味着我们会得到令人不满的结果，如格雷医生的病人。然而，这总比为医生打开故意杀人之门要好。

在杀人与任人死亡之间划定界线，虽然是区别伦理与非伦理治疗的最佳方法，但是这种做法仍然有问题：为何不设定基本的原则，既能将病人的痛苦降到最低，又尊重了病人的意愿？

不论我们得出什么结论，格雷医生的例子都显示，从伦理的角度来看，杀人与任人死亡之间的区别仍然存在很多问题。

请看其他问题

15. 平凡的英雄行为
29. 命悬一线
53. 双重效果原则
89. 杀人，还是放任死亡？

72. 拯救鹦鹉佩西

“今天，我要根据《欧洲人权公约》第4条‘免于奴役或强迫劳动的自由’向我所谓的雇主波利先生提起法律诉讼。

“自从波利先生在委内瑞拉抓到我之后，我就一直在违反个人意愿的情况下被控制，并且被剥夺了拥有金钱或财产的权力。这怎么可能是对的？我跟各位一样是人，我能感觉到疼痛，有计划，有梦想，也能说话，明理，有感受。你们不会像对待我这样对待你们自己。所以为什么让我遭受这种赤裸裸的虐待呢？

“我听到的回答是：‘因为你是一只鹦鹉，佩西。’是的，我的确是一只鹦鹉。虽然你们的人权公约讲的是人权，但里面也提到‘每一个’，‘每一个’就是指‘所有人’。什么是人？过去认为只有白人才算是真的人，如今这个偏见已经被颠覆了。当然，人是能思考、具有智力的物种，不仅能推论与反思，还具有自我意识。我也是这样的物种，我是人，因为我的物种而反对我有自由就和种族主义一样没道理。”

资料来源：约翰·洛克，《人类理解论》第5版第2册第27章，1706。

听太多乐观主义者或悲观主义者对生物学的看法，你也许开始相信佩西的例子不久将真实发生。谁知道基因工程什么时候会培育出具有超智力的鹦鹉，或者更有可能培育出这样的黑猩猩？

如果我们真的能做到这一点，我们制造出的是人吗？“人”与“人类”并不是同一范畴。后者是生物物种，前者显然较不具生理学特征。想想我们如何对待科幻小说中具有智慧的外星生物，例如《星际迷航》中的克林贡人。“他们也是人”似乎不只是合理的反应，也是正确的反应，但另一方面，说“他们也是人类”却是错的。

从道德观点来说，哪一种范畴更重要？想想拷打克林贡人是否符合道德。“没问题，反正他不是人”这种话在我听来肯定会触怒人的道德神经，但另一方面，“别这么做，他可是人”似乎就合乎道德。

如果这个推论的方向正确，佩西就不该只是能自由飞翔，而我们也应该重新思考如何看待自己和其他动物。首先，我们的道德意义在于，我们拥有人的属性，而非拥有人类的属性。因此，我们的认同并非由我们的身体外形决定，而是由身为个人必须拥有的自我特征决定——思想、情感与知觉。我们要求他们像人一样存在，而非拥有人的身体。

其次，佩西指出的种族主义可能隐含了“物种歧视”。每当我们认为，生物应该依照不同的分类而有不同的对待方式，即便这种生物学差异与道德无关时，物种歧视就会出现。

实际上，其他动物根本没有足够的人的特质，也就没有资格得到《欧洲人权公约》的保护。然而，许多动物不仅有痛觉，某种程度上还会记得并预期疼痛的发生。难道我们不该主张在道德上有义务将疼痛列入考虑，并且避免造成不必要的疼痛吗？如果只因动物不是人类而没能做到这一点，那不就犯了物种歧视的错？即便不大可能诉诸法院，我们也必须回应这样的指控。

请看其他问题

5. 一头想要被吃掉的猪
32. 自由的西蒙妮
54. 捉摸不定的我
65. 灵魂寄居

73. 变成蝙蝠

变成蝙蝠是什么感觉？试着想象一下。或许你看到自己变得很小，变成蝙蝠的形状，并与数百只同类一起倒挂在洞穴中。但是，这还远不够写实，真正要想象的是寄居在蝙蝠的身体中，而不只是成为蝙蝠。试着再想想。

如果你发现这很难想，原因之一在于身为蝙蝠的你没有语言，放宽一点儿说，你也只拥有原始的语言，只能发出吱吱声与鸣叫声。你不仅无法通过语言表达你的思想，也没有内在思想，至少不能运用任何语言的概念。

另一个原因或许是最难以想象的部分，蝙蝠是靠回声定位找到路线的。它们发出的吱吱声就像雷达波，靠声波反弹回来的方式了解前方有什么物体。用这种方式体验世界会是什么样子？可以想象的是，蝙蝠的知觉作用就跟我们的视觉一样，但这存在很大差异。还有一个原因更是古怪，蝙蝠看到的景象和我们从飞机座舱中的雷达荧幕上看到的一样。

不，最可能的解释是通过回声定位感知世界，等于拥有一种完全不同于人类的感官体验。你能想象出一点点？

资料来源：《成为蝙蝠是什么感觉？》，托马斯·内格尔，收录于《人的问题》，剑桥大学出版社，1979。

要大家想象蝙蝠的感官世界，美国哲学家内格尔在他的著名论文《成为蝙蝠是什么感觉？》中第一次提出了这个问题。很难回答，即使能回答出来。这反映出心灵哲学的难题。

针对心灵的科学研究即便不是处于婴儿期，也肯定还在尚未发展的阶段。虽然如此，我们还是在各个方面都略知一二。尤其心灵必须靠不断运转的大脑才能存在，而经过长期研究，我们已经得到大脑“图谱”：能辨认出大脑的哪个区域负责心灵的哪些功能。

除此之外，心灵与身体的问题依然存在。也就是说，我们知道心灵与大脑之间存在某种非常紧密的关系，但物质（比如大脑）如何能产生心灵上的主观经验，这依然很神秘。

内格尔的蝙蝠有助于将这个问题具体化。我们逐渐能完全理解蝙蝠的大脑如何运作，以及如何通过回声定位感知外物，但完整的身体与神经上解释依然无法让我们体会成为蝙蝠是什么感觉。因此，就算我们了解蝙蝠的大脑运作的每个细节，仍然无法完全理解蝙蝠的心灵。如果心灵的存在只是靠大脑的不断运转，那为什么会这样呢？

换句话说，心灵之所以特别，在于它的世界是第一人称视角。每个有意识的生物都是从“我”的角度来感知世界的，不论这个生物是否拥有自我概念。至于物质世界则纯粹是从第三人称的角度，每件事物都是“他”、“她”或“它”。这就是为什么对大脑及其如何运作的描述能够完整，因为它包含了每一件可以从第三人称观点捕捉的事物，然而它遗漏了对经验来说似乎是最关键的层面——第一人称视角。

从这些能看到什么？科学永远解释不了心灵，因为意识与科学的观点完全不同？还是我们只是尚未想出一种科学地理解世界又能同时捕捉第一与第三人称视角的框架？或者，心灵根本就不是物质世界的一部分？第一种可能性似乎太悲观；第二种可能性给予我们向前的希望，只是我们还无法掌握；第三种可能性则完全无视目前已知的心灵与大脑之间的紧密联系。找到一条前进的路似乎与思考深入蝙蝠的心灵一样难。

请看其他问题

13. 专门研究红色的色盲
21. 埃皮菲尼亚人的土地
59. 我们看到的不一样
68. 疼痛错乱

74. 到处都是水

美国国家航空航天局将新行星命名为“孪生地球”，这颗新发现的行星不只和我们的地球大小相似，连气候和当地演化的生命也几乎与地球一样。实际上，新行星上甚至还有国家，人们还说着英语方言。

孪生地球上有猫、煎锅、玉米卷饼、电视、棒球、啤酒和水（至少看起来像是水的东西）。孪生地球上确实存在从天而降的干净液体流入河川与海洋，并且成为孪生地球人与来自地球的宇航员的饮用水。

分析这种液体时发现，它并不是H_2O，而是一种非常复杂的物质——H_2NO。美国国家航空航天局因而宣布先前声称在孪生地球上发现水是错误的。有些人说，如果有动物看起来像鸭子、走路像鸭子、叫声像鸭子，那就是鸭子。而孪生地球上有长着喙的鸟类摇摇晃晃地走着，并且发出鸭子般的叫声，却不是鸭子。

然而，八卦报纸的头条给了不同的诠释：“那是水，吉姆，但跟我们了解的水不一样。”

资料来源:《意思的“意思”》,希拉里·普特南,收录于《哲学文集第2册:心、语言和实在》,剑桥大学出版社,1975。

H_2NO是水吗?说得更清楚一点儿,我们为什么关心这事?这种问题似乎只有痴迷于语义学的哲学家才会关心。要不要称H_2NO为水又有什么关系?我们知道H_2NO是什么、不是什么就够了。

如果你对意义的来源有兴趣,那么这确实重要。大多数人虽然没有明确的意义理论,但我们对于意义还是有一个大致可用的看法。文字的意义就像脑子想到的定义。比如,可以说,如果我误信偏头痛就是一种严重的头痛,然后我可能会说:“我有严重的偏头痛。”如果有人提醒我,我实际得的并不是偏头痛,我会承认错误,但我依然认为我说自己有偏头痛时,我知道自己指的是什么。这种错误是正确定义与人们内在定义之间的错误搭配。因此,能确立文字意义的是文字定义,而定义是一种既能储存在词典中,也能存在心灵中的事物。

然而,H_2NO的故事挑战了这种说法。很明显,当地球人与孪生地球人想“这是水”时,他们所想的是完全不同的物质。地球上的水与孪生地球上的水不是同一种物质,它们只是恰好名字相同。现在,想象1 000年前的地球与孪生地球:没有人知道水的化学成分。所以，如果你觉得在想着“那是一杯水”这句话时，地球人与孪生地球人所想的是相同的，那么现在想象一个地球人与一个孪生地球人想的是同一杯“水”，如果这杯水是H_2NO，则孪生地球人的想法为真，而地球人的想法则为假，因为这杯水完全不是地球人说的水。这意味着他们两人的想法永远不会相同，因为相同的想法不可能既真又假。

如果这个推论是正确的，也确实似乎有说服力，那我们会得出一个令人惊讶的结论。地球人与孪生地球人的大脑思考方式是相同的，但想法不同，这表示思想不完全都在脑子里！至少有一部分能提供文字意义的思想，实际存在于外在世界。

所以，H_2NO是不是水这个问题不单单只是语义学的问题。你如何回答这个问题将决定意义与思想是否如我们假定的那般，存在于我们的大脑里，还是存在于大脑之外。这个问题真的会让人想到发疯。

请看其他问题

11.“忒修斯”号
23. 盒子中的“甲虫”
63. 不明不觉
68. 疼痛错乱

75. 隐身

赫伯特套上百手巨人盖吉兹的戒指，立刻被自己眼前的景象震惊：什么都看不见了。他隐身了。

一开始的几个小时，赫伯特到处游荡，测试自己的隐身能力。其间，他偶然咳嗽了几声，他发现在听觉的世界中，自己也变得沉默。不过，赫伯特的身体重力还在，他会在软垫上压下印子，也会让路过的人莫名其妙地绊倒。

在习惯隐身之后，赫伯特开始思考接下来要怎么生活，让他觉得可耻的是，他一开始想到的竟然都是些让人完全不能接受的事。比如，他可以潜入女浴室或更衣室，他可以轻松地偷窃，还可以绊倒那些西装笔挺却面目可憎地大声讲手机的人。

但赫伯特想拒绝这些卑劣的诱惑，并且思考自己可以做些什么好事。不过，做好事的方法似乎不那么容易想到。他还能抵抗利用隐身能力做不良之事的诱惑多久？只要赫伯特心里有一丝动摇，很可能就前功尽弃：偷窥裸女或偷钱。他有抵抗的力量吗？

资料来源：柏拉图，《理想国》第 2 册，公元前 360 年。

百手巨人盖吉兹的戒指可以用来测试道德：在隐身时，你会有什么举动，你的举动会揭示你真实的道德本质。但让一个人面对大多数人都无法抵抗的诱惑，观察这个人如何行动并且对这个人做出判断，这公平吗？我们可以坦诚地想象，戴上戒指会让自己令人失望的败坏一面尽显，但这毕竟不是说我们真的道德败坏。

或许神秘戒指能让我们同情魔鬼的处境，或至少同情他的小喽啰。比如，社会名人总是行为不端，令人发指。我们能不能想象当一个人坐拥巨额财富，有无穷的机会放纵自己，身旁又有小人不断奉承，在那样的环境中，我们真能确定自己最后不会堕落吗？

想想看，如果我们拥有盖吉兹的戒指一段时间，我们会怎么做，也许这可以让我们深入审视自己现在的道德状况。坦承自己可能抵挡不了偷窥的诱惑是一回事，觉得我们会第一时间冲到最近的健身房更衣室则是另一回事。有些人没有真的去偷窥，只是因为害怕或没有机会。

因此，盖吉兹的戒指能帮我们将自己真正相信是错的事以及只是碍于习俗、名声或胆怯而没有做的事区分开。戒指剥去我们个人的道德外衣，使我们看到自己的真心，并且移除我们佯装的价值矫饰。最后，我们剩下的道德内涵恐怕少得可怜。或许我们不会随意杀人，但是面对自己厌恶的人恐怕不会手软。许多女性主义者认为，一定有很多男人会趁这个机会强奸女人。或许我们不会成为职业盗贼，但财产权也许会突然不再被当成重要的事。

很悲观吗？如果你问别人他们觉得一旦有人拥有这枚戒指会做什么，他们自己又会拿来做什么，你会发现答案形成强烈的对比。其他人都成了无道德的人，自己则一贯地正直。当我们这么回答时，是否低估了身旁的人，还是说我们高估了自己？

请看其他问题

34. 不是我的错
54. 捉摸不定的我
66. 伪造专家
85. 不存在的人

76. 联网的大脑

乌莎跟她那些爱卖弄的同事相处时，不会再觉得不安了。乌莎充满自信地悄悄走到爱卖弄的蒂莫西旁，准备测试自己的新能力。

“乌莎，亲爱的，”蒂莫西说，“你今晚看起来特别像‘无情的妖女’！”

“一个孩子，美若天仙？[①]”乌莎回答，“我真是受宠若惊，但‘她的秀发顺长，双腿轻盈，眼神狂野’。我无法形容我的眼睛，但我穿的是 8 号鞋，我的头发绝对是短发。”

蒂莫西显然相当吃惊。“我不知道你是个济慈迷。”他说。

“用康德的话来说，”乌莎答道，“或许你不了解我真正的本质，只看到我的外表。”她说完随即离开，留下错愕的蒂莫西。

乌莎的新植入物发挥了很好的效果：一块链接了全球网并内置百科全书的高速无线芯片。只要乌莎一开始想，芯片就开始搜索来源，深入挖掘各种信息源，找出要找的信息。乌莎甚至无法

① 约翰·济慈的诗句。——编者注

分辨哪些是她自己的回忆，哪些是芯片找到的信息。不过她也不在乎，因为现在她是办公室里最博学的人，这才是最重要的。

乌莎作弊了。这一点毫无疑问。她假装自己读过并记得那些内容，实际上，都是她那惊人的植入物在给大脑提供信息。

但这表示乌莎不知道济慈与康德写了什么吗？事实是她以非正统的方式取得了这些信息，并不表示她没有知识。毕竟，取得储存在大脑中的信息，和取得储存在其他地方但与大脑直接相连的信息之间有什么区别？

如果你同意这一点，这个例子就更具说服力，与许多哲学家一样，知识是一种被合理化的真实信仰。乌莎对济慈与康德的确信是真实的，她之所以相信，是靠大脑中芯片的功能，以及我们基于自己不大可靠的大脑功能，认为自己的记忆是真实的，这两种说法的合理性其实差不多。

或许，这个例子中最有趣的部分并不在于乌莎知道什么，而是记下来的事在智力上与智慧上扮演了什么样的角色。乌莎令人惊讶的表现不只是靠她能轻易得到各种资料，她还得运用机智与理解来使用它们。正是这一点，而不是背诵经典诗文的能力，让乌莎显得更聪明。

但这个故事的背景让我们看到，有时我们会被愚弄而想错方向。乌莎过去总觉得自己不聪明，因为她身旁的人都能轻松地背诵、引用或提到伟大的作品。这些人展现的究竟是不凡的智力还是记忆力？注意，蒂莫西可能靠引用济慈的诗句引起了对话，但诗中的女主角其实长得一点儿也不像乌莎。

或许，我们还有其他好理由认为乌莎的植入物不能取代对伟大作品的实际阅读，唯有花时间阅读好书，你才能真正理解书中的内容并理解其中的含义。乌莎引用的诗文欠缺对背景和内容的理解，虽然她机智地引用诗文，让同事难堪，但一旦对话转移到济慈或康德的细微之处，或许还是会让人觉得她有所欠缺。

不过，关键是蒂莫西也不怎么样。重点在于只知道伟大哲学与文学作品的内容，并不代表人具有智慧或智力。在储存知识上，计算机芯片能跟人脑一样有效，重要的是如何运用知识。

请看其他问题

3. 印度人与冰
30. 别人的回忆
40. 木马赢家
63. 不明不觉

77. 替罪羔羊

玛莎为什么加入警队？她心里再清楚不过：保护民众，并且确保正义得以伸张。对玛莎来说，这些考虑甚至比遵守规则还重要。

玛莎不断地告诫自己这一点，因为她害怕自己没有决心打破规则来实现自己的理想。有个好人犯了可怕的错误，导致一名无辜女人死亡，但一连串的意外与巧合让玛莎拥有足够的间接证据与法医证据证明另一个人有罪。不仅如此，玛莎能指控的男人是个坏透了的人，肯定犯下了一系列谋杀案，她只是没有足够的证据将他绳之以法。

玛莎知道，正当法律程序不允许设计将人控告的事件发生，但是将一个连环杀人犯关进牢里，总比将一个对别人毫无威胁的男人关进牢里要好得多。这么做所伸张的正义远大于不让杀人犯得到公平审判所造成的不正义。

资料来源：《白夜追凶》(2002)，克里斯托弗·诺兰指导。

“如果有人伤害我的孩子，我会杀了他。”如果不是守法的民众这么说，我们还不觉得有什么不寻常的。不过，说这种话的人在想什么？

有的人会解释说虽然他们知道亲手主持正义是错的，但他们只是单纯而诚实地承认自己是怎么想的。另一些人可能不会为自己辩护那么多，他们认为伤害自己子女的人罪有应得。法律或许不允许他们这么做，但道义支持他们。

法律与道德并非同一件事，这一点应该没有争议，这也是为什么不公正的法律可能存在，而公民的不服从有时又值得称赞。尽管如此，法治的原则仍然很重要，唯有例外情况才能扭曲或打破规则。为了所有人的利益，我们必须禁止人们替代法律行事，哪怕是出于良善的动机也不行。

然而，这些通盘考虑对玛莎没多大用。也许她完全同意上述分析，但她的问题是什么时候才是可以打破规则的例外情况。她应该如何判断？

有几种判断方式可以为玛莎的欺骗行为辩护。举例来说，我们可能认为要满足三个条件才能打破规则。首先，打破规则产生的好处必须远大于遵守规则，玛莎的处境似乎符合这个条件；其次，打破规则的行动不应损害一般遵守规则的行动，这个条件也是可以满足的，只要玛莎的欺骗行为继续保密；最后，打破规则必须是得到更好的结果的唯一方法，玛莎似乎没有其他方法让这个不折不扣的恶棍坐牢。

另外，玛莎的欺骗行为还有一个看似合理的道德说词。虽然如此，由警察而非法院来决定谁该受惩罚却让人反感。对此，我们有充分的理由，即使这么做有时意味着罪犯能逍遥法外，我们也需要一些保障防止警察滥用权力。

有没有可能两者兼得？社会必须要求警察遵守规则，但有时让警察暗自打破规则可能是一件好事，两者也许不矛盾。我们的集体责任可能是支持法治，但个人的责任也许是确保我们做出最好的决定，不管是合法还是非法。

请看其他问题

7. 无言胜利
17. 严刑逼供
36. 先发制人的正义
50. 善意的贿赂

78. 下赌注

上帝对哲学家说："我是你的神。你没有证据相信我是我自己声称的那个唯一真神，那么就让我给你一个相信的理由，一个足以让失去信仰的人产生兴趣的理由：用你自己的利益来打赌。

"有两种可能：我存在或我不存在。如果你相信我并且遵守我的命令，那么如果我也的确存在，你将得到永生；如果我不存在，你将得到有限的生命，并且能得到一些信仰上的慰藉。当然，这样你会浪费一些时间在教会上，而且错过一些快乐，但是到你死时，这些都不重要；但如果我的确存在，你就会得到永恒的庇佑。

"如果你不相信我，而我的确不存在，你会拥有自由自在的人生，但是你最后还是会死，而你也不会因为信仰上帝而使生活得到保证。然而，如果我的确存在，等待你的将是永恒的火狱与痛苦。

"因此，赌我不存在，你最多拥有短暂的生命，最糟则是永恒的天谴；赌我存在，不管有多么不可能，最糟不过是短暂的生命，最好却是永生。可见你若不信仰我一定是疯了。”

资料来源：布莱士·帕斯卡，《思想录》，1660。

世上有人从不定期敬神，也不学习经文，甚至不遵循他们宗教的教诲，尽管如此，他们却从未放弃对上帝或诸神的信仰。比如，他们仍然让自己的子女受洗，安排他们的成年礼，或接受宗教葬礼，而他们也在需要时祈祷。

这些人也许不像我们这位找人打赌的上帝那样想得严密，但他们的行为都基于相同的基本原则：最好对上帝维持最低限度的信仰，以防万一。他们的推论跟保险推销员以及赌徒很像：无须花很多时间和精力，却可能拯救你的灵魂。

这场打赌的合理性，只存在于确实有两种可能的时候，然而实际上并非如此。我们有许多神可以信仰，遵循他们的方式也有很多。举例来说，福音派基督徒相信，如果不接受耶稣基督是你的救世主，就会下地狱。就算你将对神信仰的赌注押在伊斯兰教、印度教、锡克教、耆那教、佛教、犹太教或其他宗教上，如果最后基督是天上的王，你还是输了。

当然，赌注都一样：选错的结果可能就是永恒的天谴。问题是，你很难针对这种高度不确定的结果下注：因为只要选错了宗教，就要遭受天谴。

也许你认为，慈爱的上帝不会因人们信错教就将人打入地狱，其他宗教的神祇则会这样，但这种能忍受人们犯错的上帝肯定也不会将无神论者丢入永恒之火。因此，唯一有保障的是基本教义派的上帝，只有这个神才会真正让那些保证有效。

除此之外，令人奇怪的是，能看穿灵魂最深处的上帝，会接受以浅薄和计算自身利益为基础的信仰。或许经过一段时间，你就能真正信仰，而不只是流于形式。在宗教信仰中，可以说多实践才会完美，但是上帝仍可看出哪些人的信仰动机不纯，而他也会根据这一点来评判你。

因此，人们在下注时应该更加谨慎。你的选择只有两个，要么是信仰会报复与惩罚的特定上帝，他命令人们只能信仰一种基本教义派宗教，而不是很多彼此间不兼容的宗教。要么相信没有神，或是相信一个不那么利己，不会在还没提供你救赎机会之前就要求你信仰他的神。就算你把赌注押在某个不好应付的神身上，还是有其他神可以选择。不过，每个神都将因你选择了其他神而非常恼火。

最后，这场赌局成了一件吃力不讨好的事。

请看其他问题

24. 方形的圆
45. 隐形的园丁
58. 信仰，还是疯狂?
95. 全知全能

79. 发条橙

内政部长被明确地告知，他的计划“在政治上令人无法接受”。只是因为这项计划类似某个知名小说家在一部反乌托邦小说中描述的场景。不过只有这一个理由似乎不足以让计划被立即否决。

与安东尼·伯吉斯的小说《发条橙》中的卢迪维科程序一样，新的“犯罪厌恶疗法”项目也是一种让犯罪者在短时间内反复感到不快的疗法。治疗后，这些犯罪者只要一想到自己所犯的罪，就会感到厌恶。

对内政部长来说，这项计划似乎不是双赢，而是三赢：纳税人赢了，因为治疗比漫长而反复的监禁还便宜；犯罪者赢了，因为在监狱外面生活总比在监狱里好；社会赢了，因为原本为社会带来麻烦的祸患成了守法的公民。

公民自由旅却抱怨即使这项计划完全是自愿加入，这也是“洗脑”，侵犯了个人的核心自由与尊严。内政部长在想要如何反驳他们?

资料来源:安东尼·伯吉斯,《发条橙》,海尼曼出版社,1962。

人们提到尊严与自由时,可能是在描述伦理形式上两个最重要的标志,却也可能只是在含糊其辞。比如当人们抱怨新科技是对人性尊严的侮辱时,通常只是单纯表达他们对不熟悉和不寻常事物的一种条件反射式的厌恶。比如,试管婴儿刚出现时遭到许多人反对,理由是这将使人类成为实验室里的样本。然而现在,大多数人都接受试管婴儿,认为它是解决不孕问题的有效方法。

因此,当人们主张"犯罪厌恶疗法"等方式是对人类自由与尊严的攻击时,我们必须对此怀疑。这项创新显示人类并非如我们想象的那样神秘,也是可以被科学操纵的现象,对此,他们或许只是存在偏见。

有人认为,这种疗法只是用系统的方法,做一件通常偶然发生的事。通过社会化与本能的结合,我们变得厌恶某些行为模式。我们避免伤害他人,不是因为我们推论出这是错误的行为,而是因为我们逐渐觉得应该避免让他人痛苦。然而,有时候人们无法领会这一点。也许是他们缺乏让我们发现他人痛苦的同情心,或者也许是他们对暴力感受迟钝,并且逐渐认为暴力是一件好事。

以这些人为例，人工将先天或后天未能发展的本能灌输给他们有什么错？

洗脑的说法非常有力，但似乎我们的绝大部分行为都是父母和社会不断以否定与肯定来强化而培养出的习惯。事实上，从出生开始，我们都慢慢被洗脑；唯有当洗脑以快速的方式进行或是造成我们不喜欢的结果时，洗脑才会突然被从伦理的角度反对。犯罪厌恶疗法不就是一种无法反对的洗脑的加速与修正版本吗？这种洗脑通常被称为“社会化”。

因为相似的理由，我们应该小心避免夸大自己对自由的主张。我们不认为人们施加与不施加暴力的倾向是相同的，也不同意人们之所以能自主地避免施加暴力只是因为选择不这么做。普通、正直的人会厌恶向他人施加不必要的疼痛，而非“选择”厌恶，这并不是冷静行使“自由意志”那么简单。因此，如果治疗过程只是灌输了对大多数人仅属普通层次的犯罪行为，那最后又怎么能认为被洗脑的人比你我更不自由呢？

若要找出反对犯罪厌恶疗法的有力论据，我们需要超越对自由与尊严模糊不明的诉求。

请看其他问题

17. 严刑逼供
35. 最后的手段
50. 善意的贿赂
97. 道德运气

80. 理性与感性

荷兰被纳粹占领时，斯凯勒与特里内收留过一群被迫害的犹太人，不过她们这么做的原因非常不同。

特里内是个真心行善的女人。犹太人的痛苦和需要让她于心不忍，所以她不加思索地帮助他们。朋友赞美特里内的慷慨精神，但有时也提醒她，善意也会有害人的时候。“你也许因为被打动而施舍钱给乞丐，”朋友说，“但是，如果乞丐拿钱去买毒品呢？”对于这样的忧虑，特里内不为所动。面对需要帮助的人，能做的就只是伸出援手，难道不是吗？

相反，斯凯勒则是个以冷酷出名的女人。事实上，斯凯勒并不喜欢许多人，不过也不讨厌他们。她之所以帮助人，只是想到这些人的苦难与自己的责任，因而认定帮助人是正确的事。斯凯勒并没有因行善而感到温暖，只是觉得自己做出了正确的选择。

斯凯勒与特里内，谁的行为更有道德？

相比斯凯勒，特里内这样的人更经常被形容为“善良”仁慈”或“慷慨”。我们觉得他们这类人的仁慈深刻地植根于他们的人格中，完全是自然流露，而慷慨的本能也显示他们的本质就是善。相比之下，我们也会赞美斯凯勒这样的人，但我们对他们的善良有不同的“感受”，最多只会称赞他们愿意去做他们自认为有责任去做的事。

有趣的是，道德如果与“做”正确的事有关，我们就不该认为特里内在道德上比斯凯勒更值得称赞。的确，正如上面所说的，从特里内坦率的作风来看，她或许会比斯凯勒更容易做错事。举例来说，在非洲旅行时，你会经常碰到小孩来要铅笔，有时是要钱。特里内一定会给，但是斯凯勒或许会考虑一下，然后认定这种施舍会鼓励依赖，也会助长觉得自己劣等与无助的情绪，这与大多数发展机构想的一样。更好的做法是直接捐给学校，让你想帮助的人保留一点儿尊严。

还有一个理由会让人不想赞美特里内。既然她的行动是不加思索的，她会不会只是碰巧做了件好事？为什么要因为有人偶然间做了一系列好事而称赞这个人？更糟的是，除非我们能反省自己的情绪，否则我们的本能可能会让我们误入歧途。举例来说，历史上有许多人的基本人格与特里内相同，但这些人是在种族主义文化中长大的，他们的种族主义就跟特里内的善良一样，往往在不加思索中产生。

也许我们可以进一步推想，斯凯勒其实拥有更高的道德感，因为尽管她缺乏同情的本能，但她还是做了善事。相比之下，特里内的仁慈无须付出特别的努力，斯凯勒却以自己的意志战胜了本能的倾向。

然而，推翻之前对特里内本能的判断，转而认为斯凯勒在道德上更值得称赞，则会产生别的问题。毕竟，特里内的善良与她的人格关系紧密，而斯凯勒行善是因为她推论自己应该行善。如果这样就认为斯凯勒更有道德，听起来难道不奇怪吗？

有个老生常谈的说法可能可以解开这个困局，即善良必须结合思想与本能，特里内与斯凯勒都表现出了道德的某些面向，两人都不算是没有瑕疵的道德模范。这种说法当然正确，却回避了真正的困局：在决定我们是不是符合道德方面，是感受重要还是思考重要？

请看其他问题

17. 严刑逼供
18. 理性的要求
50. 善意的贿赂
83. 道德黄金法则

81. 电影的味道

加拉弗雷星球上的类人生物在各方面都和我们相似，但是他们的感官和我们不同。

举例来说，加拉弗雷生物可以闻到人类可见光谱频率范围内反射的光。我们看起来是蓝色的东西，他们闻起来却像柑橘。同样，声音对我们来说靠听，他们却靠看；对他们来说，《贝多芬第九交响曲》是无声的迷幻闪光秀，有令人屏息的美丽。他们只能听到内心的想法，包括自己和别人的。味觉是他们眼睛的功能，加拉弗雷生物最好的画廊以美味闻名。

加拉弗雷生物没有触觉，但是拥有一种我们没有的感觉，这种感觉叫“穆斯特”。它能探测到物体的运动，而进行穆斯特的感觉器官在关节位置。我们无法想象穆斯特是什么，就像加拉弗雷生物无法想象触觉是什么。

人类首次听说有这种奇怪的种族时，立即想到的问题是：加拉弗雷星球上的树倒下会有声音吗？同样，加拉弗雷生物会问：在地球上看电影时，能闻到味道吗？

资料来源：乔治·贝克莱，《人类知识原理》，1710。

“在偏僻的森林里，树木倒下时会有声音吗？”这是哲学界最古老的问题之一。因为这个问题已经是老生常谈，要从新的角度重新思考才能有所帮助。因此衍生出另一个奇怪的问题：“在地球上看电影时，会闻到味道吗？”虽然这个问题听起来古怪，但是和有关森林的经典问题相吻合。

这些谜题之所以出现，是因为人类发现自己感知世界的方式在很大程度上取决于自己如何拼凑世界本身。人脑恰好能将某些频率的无线电波转译成声音，而狗则能听到人类听不到的声音，但是我们缺乏逻辑上的推理解释为什么其他生物无法将同样的无线电波转译成味道、感觉或色彩。的确，共同感觉，也就是感觉交错，在这种情况下可以听到颜色或看到声音，而这的确发生在人类身上，除了在极少数案例中有持续存在的情况，其他人只是暂时性的，而且多半是在服用迷幻药之后才会被引发。

就这些事实来看，真正的问题是，这些事物，比如声音，在听得到声音的生物不存在时是否依然存在。荒郊野外的森林中有树倒下，肯定会引起空气震动，但如果要靠听者的耳朵才能听到声音，那么没有耳朵就代表没有声音吗？

如果你想反对这个结论，认为加拉弗雷星球上的树倒下时确实会发出声音，你就必须承认，按相同的逻辑，在地球上放映电影时也会有味道。因为说树木发出声音，并不表示一定会有人听见，只意味着树木发出声音是事实，如果刚好有人在场，这些人一定会听到，这足以说明的确有声音因此产生。但如果这种说法正确，为什么电影有味道不可能呢？但这不表示电影放映时任何人都能闻到味道，而是说能闻到我们看到的东西的味道的人如果出现在电影院，就会闻到电影的味道。同样，如果人类出现在加拉弗雷星球上的森林里，树木倒下时，他们就会听到声音。

这个推论似乎会得出荒谬的结论，即整个世界到处都是没人听得到的声音，没人看得到的颜色，没人尝得到的味道，没人摸得到的质地，以及我们甚至想都想不到的其他感官体验。因为生物用来感知世界的方式无穷无尽。

请看其他问题

21. 埃皮菲尼亚人的土地
28. 噩梦景象
59. 我们看到的不一样
73. 变成蝙蝠

82. 占便宜

埃莉诺很高兴自己联上了新的宽带网络。对于过去只能使用拨号网络的她来说，她很喜欢现在可以整天挂在网上，可以享受更快的浏览与下载速度。更棒的是，这都是免费的。

嗯，说免费也许有点儿误导。埃莉诺之所以能不花钱，是因为她在蹭邻居的无线局域网络，无线局域网络能让固定范围内，任何配置了对应软硬件的计算机，不用连宽带也能上网。刚好埃莉诺的公寓距邻居很近，足以让她蹭邻居的网络。

埃莉诺不认为这是偷。不管怎样，邻居依然能上网，而她只是使用了多余的带宽。事实上，有一种名叫“喜鹊”的软件能让埃莉诺使用邻居的网络，且只会略微减慢邻居的上网速度。所以，埃莉诺能享受网络的便利，而邻居也没有受影响。这样做有什么不对呢？

许多人的笔记本电脑或手持式设备拥有无线上网功能，时不时会临时“借用”别人的带宽。需要上网时，他们会走在大街上寻找无线局域网络信号，然后停下来收邮件。他们使用其他公司与个人的网络，那些公司与个人却一点儿也不知道，他们的上网速度也没有受到影响。

埃莉诺的做法更系统性一些，她每天使用邻居的网络上网。邻居付费，而她免费使用，看来相当不公平，但是她的行为并不会对邻居造成不良影响。不管埃莉诺上不上网，邻居都必须支付网费，而她的使用也不会妨碍邻居。从这一点看来，埃莉诺不像是个贼，倒像是站在邻居花园树下乘凉的路人。

这个例子跟占便宜的问题有关。占便宜的人因他人的行为而获利，却没有对他人做出贡献。有时候，占便宜会减少可得的总利益，这时不难看出占便宜的坏处。但有时候，占便宜实际享受的是多余的利益，并没有从任何人身上拿走任何东西。

这类占便宜的例子非常多。社区民众在公园举办免费音乐会，有人偶然经过，站在最外围的位置聆听，并没有扫了别人的兴，但当捐款箱传到他那边时，他却什么也不捐。有人从网上非法下载自己从未购买的歌曲，艺术家的收入并未因此被剥夺，付费者也并未受到影响，但未付费的人也能欣赏到歌曲。

如果占便宜是犯罪，这种罪行造成的损害似乎实在是微不足道。那占便宜到底有什么不对？或许关键不在于占便宜的个案，而在于占便宜的行为模式。举例来说，我们可能不在意有人使用我们的无线网络，但要清楚的是我们也可能在相同的情况下使用别人的无线网络。同样，偶尔路过听一场免费音乐会，不付钱亦无妨，前提是如果你能自愿对自己计划拜访的人做出贡献。只要在长期上施与和接受均等，就不必拒绝占便宜。

然而，以埃莉诺的例子来说，她只接受而不施与。埃莉诺并不打算在未来也把自己的网络给别人用，她不是基于互助合作的精神来占便宜，所以她的做法令人无法接受。她的行为显示出她没有为别人着想。此外，虽然我们认为她的做法有点儿自私，却无法否认她所造成的损害非常轻微。事实上，指责埃莉诺有些无耻已经够了，太过的指责表示我们对完全无害的偷窃行为过于愤愤不平。

请看其他问题

14. 对你有利的银行错误
34. 不是我的错
44. 不至死亡，永不分离
60. 照我说的做，而不是跟着我做

83. 道德黄金法则

康斯坦茨总是奉行道德黄金法则：要别人怎么待你，就要怎么待人。或者是像康德说的大白话那样："只按你希望成为普遍法则的规矩办事。"

然而，康斯坦茨现在觉得难受，因为她受到某件事情的诱惑，但是这件事违反了黄金法则。康斯坦茨有机会与她最好的朋友的丈夫带着所有家当私奔，很明显，这绝对违反了"要别人怎么待你，就要怎么待人"的黄金法则。

不过，康斯坦茨认为事情比想象中复杂。我们监禁罪犯并不是说自己也应该被监禁，而是说"我们处于与罪犯相同的情况时"应该被监禁。这条条款很重要：一切视具体情况而定。

因此，康斯坦茨应该问自己，她是否希望下面这句话成为一条普遍法则：和她情况相同的人是不是应该跟她们最好朋友的丈夫带着所有家当私奔？从她的语气看来，答案似乎是肯定的。康斯坦茨并不是说通奸和卷走财产是对的，但是就她身处的特殊情况看来的确是对的。因此，答案出来了：康斯坦茨可以丝毫不用觉得良心不安地走掉。

资料来源：《论语》，公元前5世纪；伊曼努尔·康德，《道德形而上学的奠基》，1785。

孔子的黄金法则几乎以各种形式出现在人类设计的所有主要伦理体系中，它以简单的形式提供人人都能遵行的道德经验法则。

康斯坦茨的处境突出的不只是个以破坏规则为代价、强词夺理的笑话。她的问题指出了黄金法则的真正核心。而就两种极端的诠释看来，黄金法则不是荒唐，就是空洞。

如果黄金法则是指在任何情况下，都绝对不能将自己不愿接受的事施加在他人身上，我们就不能做出任何令人不快的事，比如惩罚或监禁。既然我们不愿被监禁，我们就不该监禁连环杀人犯，这种说法荒谬极了。

这就是为什么康斯坦茨能正确看出遵守黄金法则应当考虑情况。由于每个情况都略有不同，每个个案就某种意义来说都相当独特，所以我们只同意在“完全”相同的情况下得到相同的对待。但黄金法则的普世一面将因此消失，黄金法则将因此被架空。

那么我们是否应该寻求中间路线？这必须运用到“相关类似”的一些概念上：在道德相关类似，但不是完全相同的情况下被如何对待，就应该怎么待人。例如，虽然非法杀人存在各种情况，但是从关键道德问题的角度来看，它们都是相关类似的。

要运用黄金法则就必须如此，但是这绝不是简单透明的规则。辨识“相关类似”并不容易，也不是为恶行找借口，恶行与道德显然没有任何相关类似性。人类社会中的事非常复杂，如果无法注意每个个案的特殊性，就无法公平对待所有的情况。

回到康斯坦茨的例子。她的理由看上去出于自利。但如果康斯坦茨的好友实际上是个骗子，已经从家人的银行账户偷偷取走数千英镑呢？如果她让自己的丈夫过着痛苦的日子呢？在这些情况下，康斯坦茨的决定看起来不像自私，更像是英雄行为。

康斯坦茨的两难困局反映了任何试图遵守道德原则的人都必须面对的挑战：平衡遵守一般原则与关注每种情况的特殊性都同样重要，在这样的背景下，应该如何平衡二者。

请看其他问题

18. 理性的要求
44. 不至死亡，永不分离
80. 理性与感性
91. 无人受害

84. 高档与低俗

这是典型的状况，你等了好几年希望事业有所突破，突然你面前出现了两个机会。终于有两个大使的职位供潘妮选择：两个都是南海岛国，国土面积、地理环境与气候相似。拉利塔里亚有着严格的法律，婚外情、酒、毒品、大众娱乐乃至美食一律被禁止，该国只允许艺术与音乐等“高档的娱乐”。事实上，拉利塔里亚在推广这类活动，因此岛上拥有世界级的交响乐团、歌剧院、艺术廊以及“合法的”戏剧院。

相反，拉维塔里亚是思想与文化的沙漠；尽管如此，它却是享乐主义者的天堂。拉维塔里亚有很多很出色的餐厅，有蓬勃发展的喜剧与讽刺剧巡演，对性与毒品也持自由的态度。

潘妮不愿在拉利塔里亚的高档娱乐与拉维塔里亚的低俗娱乐之间选择，因为她两者都喜欢。事实上，对潘妮来说，理想的一天应该包括美食、好酒、高档的文化与低俗娱乐，但是她必须二选一。在被迫做出决定之下，潘妮的选择会是什么？贝多芬还是惠灵顿牛肉？罗西尼还是马天尼？莎士比亚还是小甜甜布兰妮？

资料来源：约翰·斯图亚特·穆勒，《功利主义》，1863。

这两个奇怪的国家，哪一个能让人过得更轻松？也许你认为这只是偏好问题。让艺术爱好者到拉利塔里亚，喜欢派对的就去拉维塔里亚。两个都喜欢的，应该说大多数人都是这样，就得决定自己最喜欢什么，或者至少决定失去哪部分更容易接受。

然而，如果这只是品味与个性的问题，那么为什么高档的娱乐总是能获得政府补助，而低俗娱乐总是被征收重税？如果听威尔第歌剧得到的愉悦感与听摩托头摇滚乐不相上下，为什么摇滚俱乐部无法像皇家歌剧院那样得到相同的补助？

诸如此类的思考让许多人认定知识分子的“高档”娱乐与精致的美学欣赏有优越之处。然而，一旦这个观点遭到质疑，我们就很难想出理由来区别高档与低俗。有人怀疑这种区别只是一种偏好、势利或精英主义，只是以客观判断的名义进行掩饰。

这个问题困扰着功利主义哲学家约翰·斯图亚特·穆勒，他认为道德的目标是最大化人的幸福。穆勒面对的问题是，他的哲学似乎将充满浅薄与感官愉悦的生命看得比数量较少却更具思想的生命更重要。生活满足的猫过得比烦恼的艺术家要好。

解决的方式是区分娱乐的质与量。只充满低俗娱乐的生命，比除了低俗娱乐还拥有一点儿高档娱乐的生命更差，但这仍未解释为什么后者更幸福？

穆勒提出一项测试。我们应该问什么样的裁判才有资格下决定。曾经同时体会过高档与低俗娱乐的人才有资格决定哪一种更优。而正如“高档”与“低俗”的分类所展示的那样，弥尔知道该如何思考这些人的选择。

如果弥尔是对的，潘妮身为有资格的裁判，将会选择拉利塔里亚。她也许会遗憾自己无法享受低俗娱乐，但是不能享受高档娱乐会让她更苦恼。相比从未欣赏过艺术或从未沉溺于低俗娱乐的人，潘妮的意见更有分量。不过，潘妮真的会这样决定吗？她的判断真能告诉我们，高档娱乐一般都比低俗娱乐更优越吗？

请看其他问题

7. 无言胜利
20. 赖活不如好死
26. 忘记疼痛
52. 计划生育

85. 不存在的人

“法官阁下，我的当事人的辩护词很简单。他承认自己的确在报纸专栏里写下‘现任英格兰足球队经理是骗子、白痴、国耻’，他也承认说过这个经理‘应该被枪毙’，但我的当事人的做法并未对原告格伦先生构成诽谤。

“很容易就能理解其中的理由。在文章写成并且刊登时，并没有英格兰足球队经理这个人。格伦先生在两天前已提出辞职并获批，这则新闻在被告的文章刊出当天就已成为尽人皆知之事。

“原告主张我的当事人提出的指控是子虚乌有，但这些指控既不是确有其事，也不是子虚乌有，因为这些指控与任何人都没有关系。事实上，更准确地说，这些指控毫无意义。比如“弗拉是一匹赛马”，如果弗拉的确是一匹赛马，这句话为真；如果不是，则这句话为假；如果根本不存在这样一匹马，这句话就毫无意义。

“因此，陪审团不受理这宗案件。诽谤一个不存在的人简直是荒谬，我将停止对本案举证。”

资料来源：伯特兰·罗素，《论指称》，发表于《心智》第14期，1905，已编为文集并重新发表于网络上。

逻辑学家和一般人不同。大部分人就算有时候说话笨拙或不准确，也能让对方大概明白他们的意思。逻辑学家则不同，他们对于日常语言的变化无常与模棱两可感到失望，他们坚持认为即使是琐碎而模棱两可的话也是有意义的。

想想格伦这件案子的辩词。陪审团很可能不会管辩护律师的话，理由是我们知道被告说的“现任英格兰足球队经理”指的是谁。不过，让我们从字面上看辩护律师的说法，并且接受当时并没有球队经理的描述。在这种情况下，陪审团仍会坚持辩方的陈词是不实的吗？如果没有所谓的球队经理，宣称球队经理是“骗子、白痴、国耻”当然就是不真实的。

然而，如果我们认为是这样，辩方的说法仍有其意义，这类意义曾经让伯特兰·罗素非常困扰，当时他正思考下列陈述是否为真，比如“假如高卢是共和国，现任法国国王就是个秃子”。问题是，在逻辑上，伪命题的否定为真。比如，假设“太阳绕地球转为假”，很明显“太阳不绕地球”即为真。然而，这意味着假如“法国国王是个秃子”为假，那么“法国国王不是秃子”必然为真，但是法国国王不是秃子不可能为真，因为法国没有国王。因此，在没有国王的法国“法国国王是个秃子”和没有经理的英格兰足球队“现任英格兰足球队经理是骗子”这一类陈述既不为真也不为假。

既然陈述不真也不假，那不就毫无意义了吗？也许你会这么想，但是“现任英格兰足球队经理是骗子”这段陈述的含义相当清楚。一段毫无意义的陈述含义相当清楚，这在说辞上似乎相互矛盾。

因此，这个显然无伤大雅的难题，即这些陈述如何以及是否可以为真或假在不断扩大。我们甚至还没涉及这个概念：词与世上事物的对应、陈述的真或假取决于两者间的对应是否成立。

当然，这个谜题不可能在此得到解决。不过，有一件事可以确定，如果你觉得这些问题琐碎无聊，一点儿都没意思，那就别去研究逻辑或语言哲学。

请看其他问题

23. 盒子中的“甲虫”
45. 隐形的园丁
47. 兔子！
74. 到处都是水

86. 艺术的价值

玛莉恩早已习惯在项目施工期间挖掘考古遗迹的不便，但接下来的事她是第一次碰到。

他们发现坑洞的当天就发信息给玛莉恩，向她解释里面有什么。坑洞底部有一个密封的箱子，里面有一座米开朗琪罗的雕像。箱子上装了几种机关，打开箱子将会引爆炸药，箱子里有瓦斯，只要跟氧气接触就会爆炸，箱子内还设置了其他精巧的机关。结论是，这件艺术品永远无法重见天日，任何取出艺术品或移动箱子的尝试都会摧毁它。

但如此危险的定时炸弹绝不能留在未来医院的地基中。因此，似乎只有两种解决办法：要么放弃建造医院，让艺术品安全地留在无人能够接触的地底下，要么安全起见，摧毁它。

在这种情况下，玛莉恩似乎没有什么选择，只好下令拆弹小组控制引爆。但是她忍不住想，即使没有重见天日的可能，让雕像原封不动留下也好。

大部分人都认为艺术品具有价值，而这种价值不仅体现在金钱上。伟大的艺术作品值得保存，个人与政府也付出大量金钱来获取、修复或保存这些艺术品。

但艺术品的价值来自艺术品本身，还是来自观赏者？人们倾向于认为艺术品的价值来自于艺术品本身：即使没有人看过米开朗琪罗的大卫雕像，它的艺术成就也不会减少。如果我们认为过去没人见过，未来也将不会有人看见的大卫雕像是伟大的艺术品，这种作品存在的意义到底是什么？或许大卫雕像能让米开朗琪罗受益，但在他死后，如果没有人能欣赏这件作品，那它的意义又是什么呢？

区别艺术品的质量与意义是让我们了解玛莉恩两难困境的关键。我们并不怀疑箱子里的雕像是质量上乘的艺术品，问题在于如果没有人能看见这件艺术品，这件艺术品还有意义吗？

主张将艺术品保留的人会说，雕像的存在会让这个世界更美好。而主张摧毁的人觉得这想法很荒谬：世界会更好，是因为艺术品对观赏者产生影响；如果人们不能靠艺术维生，艺术就没有用。人们可以永远关闭国家美术馆，将绘画与雕像放在里面就好。不用关心这些绘画是成了私人收藏，还是锁在博物馆保险室里不见天日。主张保留的人会说，能看见的艺术品比看不见的艺术品要好，但这不表示没被看见的艺术品完全没有价值。开放参观的美术馆要比关闭的美术馆好，而关闭的美术馆又比完全没有美术馆好。

人们的怀疑还是存在：难道我们不需要艺术鉴赏家来鉴定艺术的价值吗？想象另一个场景：致命的病毒毁灭了地球上所有的生命，宇宙中完全没有生命。这个世界遗留了大量艺术品，却没有人来欣赏。如果大卫雕像从基座上倒下，成了百万碎片，难道这个荒凉的世界会比有大卫大理石双眼凝视的世界更糟？如果我们认为会更糟，难道不是因为我们想象自己仍然存在于世界上，并且将意识注入这个原本不该有意识存在的思想实验中吗？难道我们没犯过这样的错误：看着尸体，并想象它仍是那个实际上已不存在的人？

请看其他问题

12. 沙滩上的毕加索
37. 自然就是美?
48. 恶俗与艺术
66. 伪造专家

87. 公平的不平等

约翰和玛格丽特为三个儿子购买圣诞礼物：马修，14岁；马克，12岁；卢克，10岁。这对疼爱子女的父母总是尽量公平地对待三个孩子，今年他们打算为每个孩子花100英镑。

一开始，他们的采购看上去相当顺利，因为他们很快就找到要买的东西：价值100英镑的掌上游戏机。当他们拿了三台掌上游戏机准备结账时，约翰发现一个特价活动：购买两台价值150英镑的新型PlusMax掌上游戏机，将能免费得到一台原机型掌上游戏机。约翰与玛格丽特可以花相同的价钱买到更好的商品。

“我们不能这么做。”玛格丽特说，“这不公平，因为会有一个孩子拿到比另外两个孩子差的礼物。”

“但是玛格丽特，”约翰想到能跟儿子借他的新玩具来玩便兴奋起来，他说，“这怎么会不公平？他们并不会拿到比原先差的礼物，其中两个孩子甚至拿到了更好的。如果不买这些特价商品，两个孩子会拿到比特价商品差的礼物。”

“我希望他们拿到的东西都一样。”玛格丽特回答。

“就算拿到较差的也可以吗？”

资料来源：约翰·罗尔斯，《正义论》，哈佛大学出版社，1971。

许多人认为平等是应该得到的，但现在几乎很少有人认为要不计代价地追求平等，这是因为降低标准而得到平等往往会造成刻意扭曲。我们可以让每个人都跟社会上最穷的人一样，这样就能轻易地实现所有人的平等，但这显然很愚蠢，因为这么做对任何人都没有帮助。最穷的人还是跟过去一样穷，所有人都是受害者。

然而，这只是因为我们认为强制平等不值得，并不意味着我们应该毫无保留地接受所有的不平等。我们要问的是什么时候不平等是可以接受的。约翰对玛格丽特的解释为以不同的方式对待孩子们提供了一种答案。只要没有人因此受到损害，而又有人因此得利，不平等就是可接受的。

这非常接近政治哲学家约翰·罗尔斯所说的“差异原则”。本质上，差异原则是说唯有不平等有利于最贫穷者时，才能允许不平等，但我们并不确定这个原则是否适用于马修、马克与卢克。按照原先的礼品采购计划，这三个孩子构成一个无阶级的微型社会，这个社会中每个人的贫富都一样。购买新型掌上游戏机的计划的确能让其中两个孩子玩上更好的游戏，但对剩下的那个孩子的状况没有帮助。因此，我们能说这项计划在整体上是有利的吗?

当然，在政治与家庭层面上运用差异原则会有很大的不同。就整个社会来说，约翰的论证似乎在直觉上能说服人，但在家庭中，我们有理由将平等放在更优先的位置上，因为在小团体中，人们更容易感受到不平等，并导致紧张的局面。

不过，同样的思考确实可以延伸到政治领域。反对不平等的一个理由是不平等对社会凝聚力与穷人的自尊有影响。正如社会心理学家们所指出的，即使在物质上人们并未因邻居变得富有而自己更穷，但是在心理上，人们却因逐渐察觉自己和邻居的财富差距而受到伤害。所以无论是在政治领域还是家庭领域，只从物质角度考虑平等与不平等是个严重的错误。

请看其他问题

7. 无言胜利
10. 蒙蔽公平
22. 救生艇
55. 可持续发展

88. 完全失忆

阿诺德·科南刚刚的发现令他不快：他根本不是阿诺德·科南。或者说，他过去不是。这实在令人挠头。

科南只能将自己不寻常的生平理解成这样了。科南出生时名叫艾伦·E·伍德，据说伍德是个非常令人厌恶的家伙：以自我为中心、自私自利、残忍而且无情。两年前，伍德被国家调查局盯上而陷入困境，当时他只有两个选择：一个是在戒备森严的监狱中度过余生，但是在那里一定会被其他犯人欺辱；另一个则是消除他的记忆，成为国家调查局完全虚构出来的一个幽灵。伍德选择了后者，接受了全身麻醉，醒来后已经完全忘记了之前的一切。相反，他记得的是完全虚构的过去，也就是阿诺德·科南的过去——他现在认为自己就是科南。

科南发现这一连串事实，却还是不知道自己是谁：伍德，还是科南？

资料来源:《全面回忆》(1990),保罗·范霍文执导;《记忆总动员》,作者菲利普·K·迪克,收录于《菲利普·K·迪克短篇故事集》第2册,Carol出版公司,1990。

科南/伍德的身份危机实在够糟糕。他不是某个自己不认识却惹人厌恶的家伙,就是安全机构虚构出来的。科南/伍德希望这两者都不是真的。

许多人一开始都凭直觉认为科南“实际上”就是艾伦·E·伍德。这一点可以理解。我们的认同感通常来自大脑与身体,既然这个有机体生命从一出生就叫艾伦·E·伍德,而且他的生命并未中断过,也没人用他的姓名生活,那么科南应该就是伍德。毕竟,如果他不是伍德,伍德在哪里?就算死也要见尸,问题是并没有人被杀掉。

这个论点更因下面的现实情况得以加强:阿诺德·科南是安全机构与神经学家创造出来的人,无论他记得多少童年往事,这些事其实都是虚构的。科南是假的,伍德才是真的。所以心灵被改变到完全无法被识别,还需要怀疑科南是伍德吗?

在科南/伍德的心里,答案是肯定的。不管我们的逻辑推论多么具有说服力,他都觉得自己是科南而非伍德。他完全不想体验消除记忆前的自我。事实上,也许他想都不敢想自己会再度变回那个不道德的家伙。

在我们说他完全否定事实之前，想想他已经以科南的身份生活了两年，因此他的过去并非完全虚构。我们也该想想人们患失忆症的状况：如果你在两年前脑部受到撞击而失去所有记忆，这样的经历当然会改变你，但是你不会完全变成另一个人。

所以，我们不难理解科南/伍德为何会被视为伍德，因为科南实际上只存在了几年，之前的记忆都是假的。科南是人为的创造物，但这个事实不能否定他已经以这一真正的人类的身份实际生活了两年。

如果两种身份都是真实的，如何确定哪一种更有说服力？提出的问题不同将会得到不同的答案。伍德的朋友是否从他身上认出伍德这个人？科南的新妻子认为自己嫁给了谁？伍德的债务人会提出何种主张？科南/伍德认为自己是谁？除了问事实，或许我们应该问哪一个问题最重要，而这个问题的答案就是我们应该接受的。

请看其他问题

2. 瞬间移动装置
30. 别人的回忆
54. 捉摸不定的我
65. 灵魂寄居

89. 杀人，还是放任死亡？

格雷格只有1分钟的时间做出痛苦的选择。一列行驶中的火车正朝他所在的交叉点飞驰而来，在距离格雷格很远的铁轨上，有40名工人正在隧道内工作。如果火车朝工人的方向驶去，将会造成重大伤亡。

格雷格无法让火车停下来，但是他可以扳动转辙器让火车驶向另一条铁轨。这条铁轨上也有一个隧道，只有5名工人在里面工作，死亡人数肯定会减少。

如果格雷格扳动转辙器，就等于选择杀死这5名工人；如果他不管，杀死40名工人的并不是他。格雷格应该造成少数人死亡，还是放任多数人死亡？杀人是不是比任人死亡更恶劣？

铁轨在轰鸣，火车的引擎声越来越大，格雷格只剩下几秒能做决定。要杀人还是任人死亡？

资料来源:《堕胎问题和教条双重影响》，菲利帕·福特，收录于《罪恶和美德》，牛津大学出版社，2002。

格雷格的两难问题有时候会引起两种强烈的直觉反应。对某些人来说，格雷格很明显应该扳动转辙器，这样做肯定会减少死亡人数，而这也是任何有理性、有道德的人必须做的。

对另一些人来说，如果格雷格扳动转辙器，就等于将自己放到了上帝的位置，决定他人的生死。当然，我们应该试着拯救生命，但是不能以杀别人来救人。若是以救人为杀人的理由，就会落入滑坡谬误中。

第二个推论的问题在于，不管格雷格是否选择扳动转辙器，他都决定了他人的生死。格雷格不是被选择扮演上帝，而是他不得不扮演上帝。重点不在于格雷格是否行动，而是他拥有选择是否行动的权力。不管他最后选什么，他都必须负起责任。

可以轻易阻止事故发生却选择不阻止，我们是否要为故意促成事故发生负责？假如我知道这杯水被下了毒，而我看见你要喝却不阻止，任由你喝下，我的责任是否等于鼓励你喝下这杯水？若是看到有小孩穿梭在车水马龙的马路上，而我刚好经过，明明可以轻易将他拉回人行道却没这样做，我是不是也要为孩子的死亡负上一部分责任？我们说格雷格扳动转辙器造成工人死亡，他应该负责；相反，如果他不扳动转辙器却一点儿责任也没有，这种说法会不会误导人？

如果我们不在杀人与任人死亡之间做出道德上的区别，会不会产生更多令人不安的结果？最明显的是，如果我们认为可以让医生允许病重的病人死亡，而非让医生违反病人的意愿继续延长生命，为什么不允许医生帮助要求速死的病人更快且无痛苦地死去？另一个问题没那么直观，却也相当明显的是：有人主张发达国家应该为发展中国家民众的死亡负责，因为发达国家坐视这些人因缺乏饮用水、食物与药品而死，而这些都是无须花费巨资就能轻易发放的物品。

主张在杀人与任人死亡之间做出区别似乎是不合理的，若反驳说其中并无差别可言，这又会创造出另外一系列的道德两难问题。

请看其他问题

15. 平凡的英雄行为
29. 命悬一线
53. 双重效果原则
71. 延缓死亡

90. 水果的本质

乔治主教专心注视着眼前这盆橙子，若有所思。

主教开始明确区分橙子的各个特征，他将橙子的表象与本质区分开。比如，颜色只是表象：我们知道色盲或拥有不同生理构造的动物看到的橙子与正常人类看到的橙子不一样。味道与香气只是表象，不同的人或动物会有不同的味觉与嗅觉，而水果本身则并无不同。

但当他开始剥去水果的“表象”时，他发现自己剩下的东西似乎所剩无几。当辨识水果特征似乎全部要靠主教自己的视觉与触觉时，他能不能说那就是水果真实的大小与形状？为了真实地想象水果本身，排除感官知觉的表象，主教最后只剩下某种模糊的概念，他已经不知道水果是什么了。那么，到底什么才是真的水果：是如蛛丝般的“某物”还是表象的集合？

资料来源：乔治·贝克莱，《人类知识原理》，1710。

我们很少思考表象与本质的区别。小时候，我们都是“天真的本质主义者”，认为世界就跟表象看起来一样。随着我们长大，我们学习区分事物是如何在我们的感官上出现的，以及事物的本质是什么。有些区别非常明显，以致几乎没有人关注，比如真正微小的事物与相差甚远事物之间的区别。其他的区别，比如味道或颜色会随着知觉者的不同而变化，我们知道这一点，尽管我们在日常生活中会忽视或遗忘这种区别。

随着我们对世界有了基本的科学理解，我们也逐渐在物体的基本原子结构以及物体呈现在我们面前的方式上看出差异。我们隐约地意识到原子结构本身可以用次原子结构来解释，但是我们无须穷尽当前最先进科学的所有细节。我们只需要知道事物的表象是感官与事物本质互动产生的结果。

这些认知几乎与成熟的惯常逻辑无差，但惯常逻辑经常掩盖重要的细节。我们从表象区别出本质，但我们不清楚这个本质是什么。也许你觉得没关系。思想的分工意味着我们可以将这项工作交给科学家去做。

不过，科学家还是跟我们一样，处于相同的表象世界中，他们也是在研究我们五官感觉到的东西。科学家有工具，能检视肉眼看不见的东西，但事实上，这只是个转移注意力的幌子。使用望远镜或显微镜时，我看到的表象世界和我肉眼看到的一样。科学家所观察到的并未超越表象世界，他们只是比一般人观察这个世界更仔细。

这是个哲学问题，而不是科学问题。我们似乎能理解表象世界与本质世界的不同，但是要透过表象看到“真实”世界似乎不可能。当我们理解月球距离我们很遥远而不是因为月球本身很小，或者插入水中的棍子看上去弯曲其实并未真正弯曲时，我们并未超越表象，只是理解有些表象比另一些表象更具欺骗性。

这给我们留下了两难问题。我们是否应该继续致力于超越表象世界，并且承认对这个世界一无所知，甚至承认我们无法想象自己该如何认知这个世界？或者，干脆放弃超越表象的念头，并接受我们生活与认知的唯一世界就是表象世界？

请看其他问题
28. 噩梦景象
51. 活在桶里
81. 电影的味道
98. 虚拟的幸福

91. 无人受害

斯嘉丽无法相信自己如此走运。自记事以来，布拉德·德普一直是她迷恋的对象。令她惊讶的是，她无意中在巴哈马发现了德普的秘密度假别墅，这可是连狗仔队都不知道的。

更想不到的是，德普看到海滩上落单的斯嘉丽，就请她喝了一杯。交谈中，斯嘉丽发现德普就像她想象的那样充满魅力。之后，德普向斯嘉丽坦承这几个星期自己一直过得很寂寞。出于生活方式的原因，德普不得不保密，他非常希望斯嘉丽当晚能留下来陪他。

于是出现了一个问题：斯嘉丽已经结婚，而且非常爱她的丈夫。不过，人不会被不知道的事情伤害，斯嘉丽的丈夫永远也不会知道，斯嘉丽可以拥有一个美妙的夜晚，而德普也能获得一点儿安慰。大家的生活都不会发生什么改变，顶多是增添了一些体验，不会有人因此受折磨。有这么多好处，却没有坏处，斯嘉丽有什么理由拒绝德普诱人的眼神呢？

如果有人信任你，而你背叛了他，你会损失什么？在诱惑之下，斯嘉丽觉得有时什么损失也没有。如果丈夫不知道她出轨，对她的信任便会维持不变。斯嘉丽的理由是，既然“无人受害”，为什么不做呢？

这也许听起来冷酷又满是算计，但是这种思考方式很普遍。只要确定没有人因此受害，我们通常认为不对的事就会变得看起来完全可以接受。例如，从没抢过银行的人很高兴地取走出故障的提款机吐出的巨额钞票。他们的理由是，反正银行不缺这些钱，而且没有人因此受害。

难道这是决定行为是否道德的最佳方式：将幸福与不幸汇总，只要能增加幸福并减少不幸，那就无论什么行为都可以？这种伦理体系的优点是简单扼要，但似乎掩盖了道德生活中比较微妙的部分。

想想信任的本质。许多人说，互信是人与人之间紧密关系中最重要的元素；信任关系一旦遭到破坏，我们通常会直接感受到。如果我们相信某人会明智地支出我们的金钱，一旦他开始挥霍在无用的东西上，我们很快就会知道。这是信任，但不是最深层的信任，因为我们并非只靠信任来确保我们的意愿受到尊重：如果有人没有按照我们的想法行动，我们会知道的。

相比之下，最深层的信任正是愿意相信别人，就算无法判断他们是否真会信守承诺，也愿意去相信。这是一种完全卸下心防的信任，如果要完全达到忠诚，这种信任是必不可少的，因为我们知道不忠的行为通常会被掩藏，甚至永远不会有人知道。

斯嘉丽如果与德普激情一夜，她将会完全破坏她与丈夫之间的深层信任，而丈夫的浑然不知更将突显她的不贞。因此，在这样的情况下，斯嘉丽会更加希望自己能尽可能得到丈夫的高度信任。

“没人受害”，但信任已遭到破坏，尽管信任并非血肉之躯。斯嘉丽怎么可能没伤害任何人，难道她没有粉碎自己最珍视的关系中最重要的部分吗?

请看其他问题

7. 无言胜利
34. 不是我的错
44. 不至死亡，永不分离
83. 道德黄金法则

92. 自动化政府

很难想象在过去那段糟糕的日子里，部长们对经济学一无所知，却被委任对政府支出与税收相关事务做决策。当设定概率的权力转移到中央银行之后，情况有了一些改善，但真正的突破出现在计算机能比人类更有效率地管理经济的时候。超级计算机格林斯潘二代就是个例子，它已经管理了美国经济20年。在这段时间里，经济不断发展且高于长期平均水平，物价没有出现过泡沫或崩溃，失业率也稳定在一定水平。

也许没有意外的话，在角逐入主白宫的大选中，根据美国民意调查（由计算机进行的调查，非常精确）选出的领导人将会是一台计算机，或者至少是某个承诺要让计算机做所有决策的人。当选总统的计算机名为边沁，它将制定各种有利于全美人民福祉的政策。边沁的支持者宣称，边沁能有效地移除政治中的人为因素。由于计算机没有性格瑕疵或既得利益，所以边沁将比它所取代的政治人物优秀得多。到现在为止，不管是民主党还是共和党，都无法提出有说服力的反对观点。

让计算机管理我们的生活这种想法仍然让大部分人有点儿毛骨悚然，但与此同时，我们在实际应用中又非常依赖计算机。我们的金融几乎完全交由计算机管理，许多人相信自动提款机比银行职员更能准确地登载每一笔交易。计算机也负责管理轻轨系统，当你搭乘飞机时，或许你没有意识到驾驶员在长途飞行中其实什么也不用做。事实上，计算机还可以轻松处理飞机的起降，只是乘客无法接受由计算机负责这件事。

所以由计算机管理经济的想法并不是天马行空，毕竟大多数经济学家已经非常仰赖计算机模型与预测。将机器产生的信息作为行动依据和让机器为我们办事之间，只有一步之遥。

计算机能完全取代政治人物吗？这项提议比边沁参加总统大选更激进。如果计算机能计算出政策对全民幸福度的影响，为什么计算机不能做最能让全民幸福的事呢？

完全取代人类并不是那么容易，问题在于我们必须在计算机上设定目标，而要使政治目标让尽可能多的人满意是相当困难的。举例来说，我们必须决定准备容忍多大程度的不平等。一个政策也许能让多数人快乐，却也有可能让5%的人处于悲惨的状况。也许我们偏爱幸福感稍微低一些的社会，这样的社会至少不会有人必须过着悲惨的生活。

计算机无法决定哪一种结果较好，只有我们可以。此外，我们希望得到的结果很可能会因环境而异。举例来说，社会变得越富足，便越无法忍受有人缺乏最基本生活所需；我们越富有，就越会觉得自己有义务帮助较穷困的国家。

即便计算机了解我们的愿望，也无法结束这场争论。因为还有一个问题：民主社会是应该只服从绝大多数人的意志，还是也应该考虑少数人的意见？如果是后者，那要怎么做？

计算机比人类更能管理经济甚至公共事务，这一天很可能会来临，可能比我们想得还快。不过，还是很难想象，计算机如何决定对我们最有利的因素，并让所有的政治人物永不再参与其中。

请看其他问题

9. 反应预测
10. 蒙蔽公平
36. 先发制人的正义
87. 公平的不平等

93. 行尸走肉

露西娅住在一个灯火通明的小镇上，但是所有房子都没人住。露西娅住在一群丧尸中间。

实际状况并不像听起来那么吓人。这些丧尸不同于恐怖片中吃人肉的恶鬼，他们的外观和举止跟你我一样，连生理结构也与你我相同。但有一个关键的区别：他们没有心。你刺他们，他们会喊叫并闪躲，但不会觉得痛。你扰他们，他们会大吼或生气，但不会感到烦。你为他们演奏舒缓心情的音乐，他们看上去是在欣赏音乐，但心里其实根本听不到。他们的外表跟正常人类一样，内心却什么也没有。

这反而让露西娅更容易和丧尸相处。露西娅很容易忘记丧尸不像她拥有内在生命，因为他们言谈举止都跟普通人一样，也会说自己的感受与想法。来到镇上的外地人不会注意到有什么奇怪的地方，甚至当露西娅告诉他们这个秘密时，这些外地人都拒绝相信她。

“你怎么知道他们没有心？”他们问。“你怎么知道其他人有？”露西娅这样回答他们。这通常能让对方无言以对。

“你怎么知道？”通常是个很好的问题，却也是一个很难完全回答的问题。我们很少，也许从来没有对一件事不带任何怀疑。我们最多只是希望自己相信的事情有好的理由，至少能说服反对的人，这就是为什么我们不觉得有必要担心自己可能住在一群丧尸中。就算我们可能这样，只要有更充分的理由相信没这个可能，我们就能安定地不用为不大可能的可能操心。

认为其他人不会是丧尸，主要是经济上的考虑。如果丧尸走路像我们、说话像我们，而且拥有跟我们一样的大脑与身体，那么他们在一些重要方面很可能就会跟我们一样，包括他们内心对事物的感受。如果我身上的神经系统能让我产生意识，而在丧尸身上就不会，这难道不是非常奇怪吗？

不过，这正是存在丧尸的可能性有趣的地方。为什么我们会认为人类与丧尸的身体类似就表示在心灵上也类似呢？意识问题是指我们无法解释身体器官（比如大脑）为何会产生主观经验？大脑中的C神经放射时为何会产生感觉？痛觉会在大脑中引发什么反应？

如果这些问题看起来重要，却没有令人满意的解答，那在这些问题之后，我们可以想象比如C神经纤维放射之后并未产生任何感觉的大脑反应，却不会产生逻辑矛盾的错误。换句话说，有关丧尸的说法，他们的身体各方面都跟我们一样，但他们完全没有内在生命，这是完全说得通的，因此丧尸的确有存在的可能，不过可能性非常低。

在恐怖片中，要杀光丧尸并不容易。为了让丧尸存在的可能性降低，你得说明拥有与我们相同生理结构的生物，为什么肯定拥有与我们相同的基本心理。举个例子，为什么大脑中C神经纤维放射时必定会产生类似痛觉的感觉，而不是会看见黄色或什么感觉都没有。这是个挑战，到目前为止，没有任何人的解释能让哲学家普遍认同。除非有人做到这一点，否则我们无法确定丧尸不会出现在地球上。

请看其他问题

19. 幻想破灭
32. 自由的西蒙妮
39. 算命摊
68. 疼痛错乱

94. 税上加税

以下是财政大臣索里特阁下的政令广播时间。

现在是国家加税的时候了。前任政府遗留给我们的是入不敷出的财政，以及增加额外收入的需要，但是诸位身为国家公民却不愿支付这笔账单。我们该如何筹集所需的资金又不让各位感到痛苦呢?

答案很简单。焦点小组、民意调查与经济学家的分析都显示，加征0.01%的税，对个人收入影响微乎其微。多付0.01%的税不会让生活优越的人挣扎度日，不会让有钱人变穷，更不会让已经为工作奔忙的人更忙碌。

因此，今天我们只加收0.01%的税。按照逻辑论，这么小额的增税幅度就跟某个比你少赚0.01%的人与你之间的收入差距一样小。我们明天可以重复同样的步骤，那时你的收入水平处于比你少赚0.01%的人的水平。同理，第三天、第四天，接下来的300天都是这样。

我们每天都加税，这种加税方式不会改变你的生活质量，因此你的生活质量不会受影响。但令人惊奇的是，这些措施的净效果让政府的收入大大增加。我们不仅能用这笔钱还清国债，还有足够的零头给全国人民每人发一瓶饮料。希望各位能用这瓶饮料为我们的天才想法干杯。

资料来源："连锁悖论"，由米利都的欧布利德于公元前4世纪提出。

做这种演说的政治人物别想在下次选举中获胜。就算你的数学差到算不出财政大臣实际提出的加税幅度超过3%，也不会笨到不会发现300次微调累加后产生的巨大变化。

但财政大臣的逻辑很难反驳。它源于古代的连锁悖论。在原来的悖论中，有人问如果从沙堆上移走一粒沙会不会让沙堆化为乌有（或是变成小沙堆）。答案似乎是否定的，但是在悖论中，移走一粒沙是指持续不断地将沙一粒粒移走，直到剩下最后一粒沙为止，而这最后一粒沙还是能被称为沙堆。

解决悖论的一个方法似乎在于移沙的某个时间点，在这个时间点上，移走一粒沙的确会让沙堆不再是沙堆，但这种说法显得荒谬。根据悖论，如果移走一粒沙能让沙堆消失，那是荒谬的；移走一粒沙若不能让沙堆消失，就表示一粒沙是一个沙堆，而这也是荒谬的。

征税的例子给出了一种解决方式。我们能否认为每次微量增加的确会引发改变，虽然那只是微小的改变？很明显，若是将几次微小的改变累加，最后可以得到大的改变。

然而，这种方式并未涉及问题的核心。连锁悖论主张收入上任何微小的变化都不足以造成富人之间或底层人民之间的改变。这个悖论就是两种观察角度的对比。我们从宏观的角度观察，发现微小改变带来的累积效果；从微观的角度观察，发现每次微小的改变都没有任何效果。

对于连锁悖论，大多数人认为这只是一种语言把戏或欺骗人的手段，但应该更严肃地看待这个难题。许多人认为，要解决这个问题，必须接受概念的模糊性，如富有与贫穷、高与矮、成堆或成叠，但这种解决方式的问题是如果在语言与逻辑中加入太多的模糊性，推论本身就会变模糊。至于另一种解决方式，即微小的改变的确能造成贫富之间的变化，虽然保留了逻辑与语言的精确性，但似乎是以脱离现实为代价的。

请看其他问题

16. 赛跑的乌龟
25. 优柔寡断的布里丹
42. 拿了钱就跑
70. 突击检查

95. 全知全能

上帝对哲学家说:“我是你的神，我是全爱、全能与全知。”

“当然不是！”哲学家说，“我看着这个世界，我看到恐怖的疾病、饥饿、饥荒、精神疾病，而并未阻止这些发生。你没有能力阻止吗？那么你就不是全能。还是因为你不知道有这些事发生？那么你就不是全知。或者也许是你不想阻止？那么你就不是全爱。

“放肆！”上帝答道，“对你们来说，我不除掉所有的邪恶反而更好，人类需要在道德和灵性上成长。你们需要为恶与为善的自由，并且必须面对偶然发生的苦难。如果剥夺人类成长的自由，我怎么让这个世界变得更好？”

“简单。”哲学家回答，“首先，你可以设计让我们觉得没有那么痛苦；其次，你应该让我们更具同情心，让我们不会害别人；再次，你可以让我们成为更好的学习者，这样我们就不必为成长而受折磨；最后，你可以让自然不那么残酷。你想我继续说吗？”

资料来源：恶的问题在神学史上以不同的形式反复出现。

上帝能不能创造一个痛苦较少的世界，让我们在这个世界中拥有相同的、行使自由意志的机会，以及按照宗教的说法，提升灵性的机会？很难不以自己既有的偏见回答这个问题。对无神论者来说，答案明显是肯定的。故事中的哲学家直率地提出4个建议，这些建议似乎都不是不可能做到的。想想我们天生就有一定的同情心，我们绝大多数人都不愿伤害他人。如果同情心与我们拥有的自由意志兼容，为什么更多的同情心会威胁到自由意志？

再想想，学习能力也是我们无法直接掌控的。的确，有些人更擅长学习。为什么上帝不让每个人都成为优秀的学习者，使我们无须接触恐怖邪恶就能理解事物的对错？诸如此类思考引导许多人得出结论，认为上帝可以轻易创造一个痛苦较少的世界。他没有这样做足以证明他不是不存在就是不值得我们崇拜。

但如果你真的信上帝，这些论证在你眼中都是微不足道的。我们有什么资格说上帝可以做得更好？如果上帝存在，他绝对远比我们有智慧。所以如果他创造了一个充满痛苦的世界，即使他的理由无法被我们可悲的心灵所理解，但也肯定足够充分。

作为回应，这种说法似乎无法令人满意，因为这等于主张说如果有合理理由怀疑上帝存在，我们就得接受自己智力有限的事实。而从神的角度来看，我们的非理性或矛盾是说得通的。但这意味着抛弃了宗教信仰中的理性，你无法二者兼得。如果你认为违背信仰的理性论证是无力的，那么以理性为信仰辩护就没有用。

邪恶的问题似乎就留给了信徒，对有宗教信仰的人来说，解决这个问题最有效的方式就是必须相信上帝有其长远安排。但这样就必须接受与理性相悖的信仰，因为我们的理性告诉我们，上帝创造的一切并不是最好的。如果可以指控无神论者自认为知道得比上帝还多，就可以指控信徒们自认为知道得比理性还多。哪一种指控更严重呢？

请看其他问题

8. 为善
17. 严刑逼供
18. 理性的要求
58. 信仰，还是疯狂？

96. 家庭第一

莎莉的船是少数在这片海域中定期航行的船，这也是她总在仔细收听是否有人发出求救信号的原因。所以，当莎莉听说一场爆炸导致12人落海，没有救生艇时，她就立即将船开向发生意外的海域。

但随后莎莉又收到第二条信息：她丈夫的渔船正在下沉，也需要帮助。问题是如果莎莉救丈夫，就必须前往距离12名溺水者更远的水域。随着天气变坏，也没有其他船回应求救信号，莎莉心里似乎清楚，排在后一位的遇险者就可能等不到她去救援了。

莎莉没有太多时间考虑。一方面，不救丈夫似乎背叛了彼此的爱情与信任；另一方面，莎莉的丈夫是个好人，应该能理解拯救12个人和拯救一个人哪个更重要。莎莉知道自己想要先将船开向哪，而不是她应该开向哪。

大多数伦理学家都认为，道德要求平等尊重每一个人。杰里米·边沁说:“每个人都算一个,没有人多于一个。”然而,这显然和我们的直觉相矛盾,我们认为自己对家庭与好友负有特殊的责任。比如,父母理所当然应该将自己子女的福祉放在他人子女之上。

别这么快下结论。父母的确对自己的子女负有特殊的责任,这意味着父母必须确保子女吃得好,而没有义务注意他人子女的营养,但这是否等同于父母应该将自己子女的福祉放在他人子女“之上”呢?

我们可以用好学校的名额争夺问题为例来思考。假设有两个学生争取一个名额,双方家长都有责任说明为何这个名额应该归自己的孩子,但为了使程序公平,每件个案都应该基于双方子女的成绩与福祉公平考虑。若是有父母试图干扰这些基本的公平原则,他们的行为就是错的;父母这样做越过了父母对子女可接受的关注与值得称赞的关注之间的界限,缺乏对他人子女福祉的尊重。

这里起作用的基本原则似乎是我们可以将精力与注意力集中在家庭与朋友身上,而不是陌生人身上,只要我们这样做能公平地对待每一个人,就没有问题。

然而,这个原则在实际操作中并没起到很有效的指导作用。为自己的子女购买奢侈的玩具而其他人的子女饿死是否公平?口才好、有知识的父母可以取得最好的公职职位,其他较贫穷的父母却不能利用自身优势找到好工作,这是否公平?帮助你的子女做家庭作业,让他们表现得比那些父母不愿或不能帮助的孩子更好，这又是否公平？

其中某些问题比其他问题更难，但除非你坚信只要考虑自己和家庭，每个人都会在某个阶段遭遇这种两难问题。莎莉的两难问题尤其紧迫，因为命在旦夕。但她必须问的问题也同样出现在我们心中：我有没有理由将与我关系密切的人的福祉放在他人之上？

请看其他问题
27. 信守承诺
29. 命悬一线
89. 杀人，还是放任死亡？
97. 道德运气

97. 道德运气

梅特注视着已经和她分居的丈夫的双眼，从他的眼神中找不到丝毫的悔恨。

“你告诉我你想要我们回去，”梅特对她的丈夫说，“但是我们怎么可能就这样回去。你甚至还没有承认当初抛弃我跟孩子是你做错了。”

“因为我从心里不觉得自己做错了，而且我也不想对你撒谎。”保罗解释说，“我离开是为了追随我的缪斯，我是为了艺术才这么做的。难道你忘了我们曾经谈过高更以及他如何不得不做跟我一样的事？你总是说，高更做出了艰难抉择，但没有错。”

“但你不是高更，”梅特叹气说，“这就是为什么你会回来。你承认你已经失败了。”

“高更离开妻子时，知道自己会成功吗？没有人能确定。如果他是对的，我也是。”

“不，”梅特说，“高更赢了赌局，所以他最后是对的。而你没有，所以你最后是错的。”

“他的赌局？”保罗回答道，“你是说运气可以决定对错吗？”

梅特想了一会儿，说：“是的，我想我是这个意思。”

资料来源：伯纳德·威廉斯，《道德运气》，剑桥大学出版社，1981。

运气可以决定成功与失败、幸福与不幸、富裕与贫穷，但它能决定品德的高尚与卑劣吗？我们是否品行良好、行为端正，只得取决于我们是谁和我们做了什么，而不是我们无法控制的事。

常识上是这样。但即使运气不是决定道德的主要因素，难道我们真的能确定运气在伦理上不重要吗？

最根本的就是大家所谓的“建构的运气”。我们生来就带有某些特点与性格，而这些特点与性格又通过我们被抚养的方式得到发展，但我们无法选择这些。结果是，到了可以自己决定的年纪时，我们也许相比同辈，已经在倾向上不是偏向于善，就是偏向于恶。这个年纪的人如果容易动粗，出现不当行为的可能性显然较高，这完全就像在基因与养育彩票中抽中了厄运彩票的结果。

即使我们撇开建构的运气不谈，我们仍然相当熟悉这句话：“要不是上帝恩宠，站在刑场的就是我。”我们可能会有更大的恶行，假如我们设法让自己避免陷入自己黑暗一面占优势的状态中，那部分因素就要靠运气了。

在保罗与梅特的例子中，运气的因素更加明显。梅特的论证指出，两个人的行为完全一样，不确定结果是什么，我们只知道以结果的好坏来判定行为的对错。抛弃家庭的高更成为伟大的艺术家，做了道德上正确的选择，做了相同选择而失败的保罗则要被谴责做了坏事。

如果这个例子看起来奇怪，那就想想自己有时多么粗心。如果粗心造成严重的伤害，那么造成伤害的人在道德上应受谴责；如果没有注意但碰巧也没有造成不良后果，几乎就不会有人怪我们。这表示真的有道德运气这种东西吗？还是我们更应该谴责那些判断错误却庆幸没有造成不良影响的人？我们是否应该说高更是错的，即使在考虑了各种因素之后？相反，我们还是觉得做自己想做的事比待在家里好？

请看其他问题

27. 信守承诺
34. 不是我的错
43. 未来冲击
96. 家庭第一

98. 虚拟的幸福

罗伯特已经在同意书前坐了两个小时，但他还是不知道该签字还是该撕掉同意书。他必须在两种未来之间做出选择。

第一种未来，他的前景黯淡，而且实现梦想的机会渺茫；第二种未来，他可以成为知名的摇滚歌星，并且能保证一直幸福快乐。你可能觉得如何选择显而易见，然而第一种人生是在现实世界，第二种人生却完全来自经验机器。

这种装置能让你在虚拟现实中完整地经历人生，当中的经验经过设计，让你更开心、更满足。不过，重要的是，一旦进入这部机器，你将不知道自己并非处于现实世界，也不知道发生在自己身上的事都是为了满足你的需求而安排的。似乎你就像在普通世界中过着普通的生活：只是在这个世界中，你是赢家之一，对你来说，经历的一切都会非常顺利。

罗伯特知道，一旦进入机器，生命将变得非常精彩，然而其中的虚假让罗伯特迟疑，他不知道该不该签下这份能带他去天堂的同意书。

资料来源：罗伯特·诺奇克，《无政府、国家与乌托邦》第3章，基础书籍出版社，1974。

很容易就能看出罗伯特为什么犹豫不决。机器中的人生是假的、不真实的、虚幻的，但是为什么真实的“现实”人生、不断经历冷酷无情的大起大落的人生，会比虚拟的幸福人生更让人偏爱呢？

幸福机器的销售人员会拿出一些强有力的论证来说服你。首先，想想“真实”与“现实”的意义。真实的人是指自己而不是假装要成为的人。但罗伯特在机器中仍是罗伯特。他可以像在外面的世界一样，在机器中自然显露他真实的人格。

其次，你可能会说，在现实世界中，人是靠实力成为摇滚歌星，在机器中却不是依靠自己的努力得到奖励。针对这一点，推销员回答：你知道大多数摇滚歌星怎么成名的吗？和天分的关系很小，运气和机会才是全部。罗伯特在机器中的名声并不会比无数想成为明星而拼命向上爬的人更不应该得到。事实上，这正是经验机器的可取之处。人生中的成功多半要靠运气：是否在正确的地点、正确的时间和正确的父母那里出生？是否拥有你所处的社会重视的能力？你是否能接触到可以帮你前进的人或地方？宁可让命运女神操控你，也不愿选择幸福，那肯定是疯了。

至于进入机器就等于放弃现实世界，我们会说：别糊涂了！你目前生活的世界只是你经验的总和。你看到的、听到的、感觉到的、尝到的、触摸到的与闻到的。如果你认为现实世界更真实，是因为它是由次原子的复杂过程产生的，而不是硅片构造的，或许你需要重新思考自己对本质的理解。毕竟，就算我们"超越"经验的科学世界概念，最终也必须建立在观察与实验上，而观察与实验完全处在经验世界"之内"。所以在某种意义上，本质就是表象。

但我们还是不想进入机器，我们坚持认为自己的未来应该尽可能由我们自己的意志和努力来掌握。如果我们坚持不进入机器，那么至少有一件事是真的：当我们思考什么最能符合我们的利益时，我们在意的绝对不只是幸福，否则我们就毫不犹豫地进入机器了。

请看其他问题

1. 骗人的恶魔
19. 幻想破灭
28. 噩梦景象
51. 活在桶里

99. 给和平一个机会

希特勒在绝密的情况下派出特使。如果英国打算公开这件事，柏林政府将否认有这件事，并宣布这名特使是叛徒，但应该不至于此，因为丘吉尔不会拒绝希特勒的提案。

希特勒知道丘吉尔想要避免无谓的伤亡，双方领袖都知道两国间的冲突将造成无数人丧生，但战争是可以避免的。希特勒向丘吉尔保证，一旦“最终解决方案”生效，德军将不再发动任何攻势，只会杀害占领区内的反抗分子。这当然意味着如果英国放弃解放法国与推翻德国的纳粹政权，就可以大量减少人员的伤亡。

希特勒深信这项提案一定会引起英国首相丘吉尔的兴趣，毕竟是英国发明了功利主义，有谁会选择造成更多人丧生的方案呢?

虽然德国在“二战”期间并没有这项任务，但希特勒的确认为，从各方面来看，英国将会接受和平提案，并且允许他保留侵略占领的领土。也许其中一个理由就是考虑到战争将造成大量的人丧生。从实用与道德的层面来看，和平似乎是最佳选择。

许多人，尤其是那些亲人死于集中营的人，只要想到这样的和平协议就会发抖，这份协议等于是用犹太人大屠杀中无辜受害者的生命来换取和平。

假如你赞同这个回答，那就仔细地思考你要如何判断其他战争的道德性，许多争论都围绕着军事介入是不是该进行这一伦理问题，那么无论动不动手，都会有人员伤亡。举例来说，反战人士指出，在 2002 年 3 月入侵伊拉克后的第一年内，大约有 1 万平民被杀，然而，人们普遍认为萨达姆在统治期间杀害了 60 万平民。同样，也有人认为是联合国的制裁行动，而不是萨达姆政权造成了 50 万伊拉克儿童死亡。因此，无论是将战争合理化，还是谴责战争，都会造成大量人员丧生。

所有这些似乎都在假设如果战争杀死的人比拯救的人还多，战争在道德上就是错的，但是按这个逻辑，我们很容易想象这样的场景，例如希特勒提出的秘密方案，按照这个方案，对同盟国来说，将欧洲拱手让给法西斯主义居然是更好的选择。

许多人之所以认为这一点不能接受是因为集中营是邪恶的，面对这种邪恶，我们必须回应。为了终止种族屠杀可能会导致更多人丧生，数量或许会超过拯救的人数，但让邪恶为所欲为令人无法忍受。人性比个人的生命更宝贵。

即使我们不考虑犹太人大屠杀，我们还是有理由选择流血的解放而非不流血的容忍。人类之所以选择为了理想而冒生命危险，是因为人类觉得有些价值比只是生存更重要。所以有句话说，宁做自由鬼，不为奴隶身。这就是为什么在第一次海湾战争期间，许多伊拉克人就算炸弹落在身旁依然欢欣鼓舞。战争的道德是个棘手的问题，对于这个问题，通过简单的丧生人数和拯救人数的累加是无法解决的。

请看其他问题

17. 严刑逼供
18. 理性的要求
35. 最后的手段
79. 发条橙

100. 便宜也有好咖啡

埃里克经常去鸟巢咖啡馆，这家咖啡馆的食物和饮料普普通通，但价格非常便宜。

有一天，他问经理是怎么压低价格的。经理凑到埃里克耳边，神神秘秘地低声说："容易。你看，我的员工都是非洲人。他们需要生存，但找不到固定的工作。所以，我让他们睡在地下室，让他们刚好吃饱，一周给他们5英镑。这样就非常好，他们一周工作6个整天，我开的工资很低，所以可以压低售价并得到丰厚的利润。"

"别这么惊讶，"经理看着埃里克的反应继续说，"这里的每个人都很满意。他们选择在这里工作是因为这里可以帮助他们，我负责赚钱，而你能买到便宜的东西。要续杯吗？"

埃里克接受了经理的说法，但这也许是他最后一次来这里了。尽管经理说得合情合理，但身为消费者，埃里克觉得自己成了参与剥削的共犯。然而，埃里克在喝美式咖啡时，他不禁怀疑这些员工会不会感谢他的抵制。有工作与容身的地方总比一无所有要好吗？

你不用反对资本主义也能明白，凡是生活在发达国家的人，实际上都处于和埃里克相同的处境。他们进口相对便宜的商品，因为制造这些商品的工人的工资都非常低，如果我们知道这个情况还继续买，就等于成了剥削工人的帮凶。

不要被表面上的差别愚弄。在故事中，埃里克比我们都要接近这些廉价劳工，但是距离上的远近与这个例子中的伦理意义无关，你不会因为和被剥削者相隔数英里就停止剥削。同样，咖啡馆里有非法劳工也不是问题。

也许你会说，工资是否公平取决于当地的不同标准，所以比如英国的“奴隶工资”放在坦桑尼亚就会成为高薪。没错，但这不能终止争论，因为真正的重点是鸟巢咖啡馆利用工人的需要尽可能少地支付薪资。不正义主要不是表现在比较工资上，而是表现在雇主对工人福利的漠视。同样，在发展中国家种咖啡的工人，他们的生活或许不会比他们的同胞差，但这不表示他们的西方雇主可以不关心他们辛苦工作却只能获得相比之下微薄的工资的事实，特别是当雇主完全有能力付给他们更高的工资却依然压低工资时，这个问题就更凸显出来。

“有总比没有好”的辩解并不能说明什么，另一种情况并非一无所有，而是更高的工资或更好的工作条件。一次抵制或许会让被剥削的工人失业，但是反过来，像鸟巢咖啡馆这样的低价竞争也会使其他咖啡馆领正常工资的劳工失业。

因此，从各个道德相关的方面来看，我们的确处在和埃里克相同的处境。如果埃里克继续到鸟巢咖啡馆消费是错的，那么在苛刻对待处在供应链末端工人的企业购买产品同样也是错的。

这是个非常令人苦恼的结论，因为它几乎让我们每个人都成了剥削的帮凶。这似乎太过分，有人以此为证据，认为这个论证是错的。不过这只是自作聪明。历史上有许多体制性的非正义，社会各界全都暗中支持了这种非正义。想想大多数南非白人在种族隔离时期的行为、奴隶制度时期的中层与上层阶级，以及男性先于女性获得平等权。可能几乎所有人都长期处在为恶的状态。如果埃里克应该重新考虑购买咖啡的地方，我们也应该重新考虑其他很多事。

请看其他问题

7. 无言胜利
22. 救生艇
34. 不是我的错
44. 不至死亡，永不分离

第101个思想实验：有个作者接受了他人的无偿帮助、支持与建议，却没有在书中的致谢部分感谢他们。这个作者只是疏忽、健忘，还是应该在道德上遭受谴责？

我肯定我就是这样的作者，不过我不会把所有人都忘记。编辑，就像他们的职位名称一样，这不只是名词，也是动词，他们为本书的出版做出了极其重要的贡献。George Miller就是其中一位这样的编辑，从构思到完成，他的投入都必不可少。另外，Granta出版社许多优秀的工作人员也提供不少帮助：Sajidah Ahmad、Louise Campbell、Francis Hollingdale、Gail Lynch、Angela Rose、Will Salmon、Bella Shand、Colette Vella以及Sarah Wasley。而Lizzy Kremer则一直积极、努力地提供指导与协助。

为避免漏掉其他人，我决定对所有在本书写作期间帮我解决疑难问题与提供资料的人表示感谢。要说感谢的人太多，无法一一提及，这样不免有些敷衍。但人数实在太多，对我这个向来粗心、无法记下所有名字的人，我也只能这样表达。

最后，我要感谢Jeremy Stangroom，表面上是因为这几年来他的智慧、洞察力与挑战性的言谈给了我灵感，但其实是因为他认为致谢部分往往不过是自我吹捧与逢迎，所以我的致谢肯定会惹恼他。

思想实验有一两个或以上资料出处的，我会在介绍情境之后列出详情。不过，应该注意的是，我描述的场景有时与后面列出的资料来源非常类似，但大体上还是有差异的。因此，读者应该将这些资料来源看作只是为本书的情境提供了启发。

如果没有写出资料来源，通常是因为这些思想实验是从更广泛的讨论中受启发而来，无法明确指出资料来源。这类思想实验也不应该被当成我个人的创见。

我对有些情境的资料来源不清楚，因此就未列出来源。今后再版时，我会将此类疏漏的部分进行修订。

译者后记

哲学可以是有趣的，可以是晦涩的，但也可以是简单的、实用的。读懂哲学经典必须仔细思考。因此，培养理性思考的能力是最基本的工作。有了理性思考的能力，就能有条理地思考，避免错误的判断和虚妄的幻想。哲学并不是哲学大师独有的，而是每个能思考的人都能探索的领域。所以每个人其实都有能力钻研哲学，思考自己的哲学问题。《一头想要被吃掉的猪》就是这样一本引人思考的书。

在引人思考的同时，这本书只是将问题提出，后面的论证和思辨还需要读者自己进行。作者的基本论证结构清晰，思路流畅，可以用来做建立论证的练习。也正如作者在前言中所说，本书提出了许多思考的线索，但这不是结束，只是一个开始。这本书激发读者对哲学思考的兴趣，让读者阅读更多有关的哲学著作，那么作者的目的也就达到了。

读这本书，不要被“哲学”二字吓退，它集合了100个非常有趣的思考，有的来自哲学大师的作品，有的则来自科幻经典。以这些思考为引导，这本书介绍了古今哲学家们提出的各种经典问题，涵盖了伦理学、形而上学、现象学、宗教哲学等。

在翻译的过程中，我发现作者相当喜爱科幻题材的故事，也发现除了科幻创作，哲学也是其他文学创作的灵感宝库，想要写出有深度、有意义的故事，必须从哲学中汲取营养。

吴奕俊

暨南大学外国语学院